集人文社科之思　刊专业学术之声

集 刊 名：鼓浪屿研究
主办单位：厦门市社会科学界联合会
厦门大学人文学院
厦门市社会科学院

顾　　问：吴子东
主　　编：潘少銮
副 主 编：李　桢

Journal of Gulangyu Studies, Vol.15

第十五辑

集刊序列号：PIJ-2018-301
中国集刊网：www.jikan.com.cn
集刊投约稿平台：www.iedol.cn

鼓浪屿研究

（第十五辑）

JOURNAL OF GULANGYU STUDIES, Vol.15

主办　厦门市社会科学界联合会
厦门大学人文学院
厦门市社会科学院

主编　潘少銮

编　鼓浪屿国际研究中心

社会科学文献出版社
SOCIAL SCIENCES ACADEMIC PRESS (CHINA)

目录
CONTENTS

面向可持续发展的遗产地智库研究
——敦煌研究院借鉴与鼓浪屿设想*

李　渊　张　娜　赵　龙**

摘要： 本文通过分析智库建设的过程逻辑和内在机制，探讨面向可持续发展的遗产地智库建设。研究以我国著名遗产地智库敦煌研究院为主要案例，探讨其智库建设的组织架构及服务于遗产地可持续发展的作用机制。在此基础上，以敦煌研究院为参照，对鼓浪屿世界文化遗产地的智库建设进行论证。本研究分析了鼓浪屿目前亟须解决的实质性问题，厘清了遗产保护机构在组织架构与解决遗产地问题能力的不匹配和角色缺失问题。

关键词： 遗产地智库　鼓浪屿　敦煌研究院

智库是致力于通过政策分析而影响和改进公共政策过程的政策研究与咨询机构，被视为信息与权力之间的桥梁，在政策制定者的决策中发挥着重要的咨询作用。作为研究机构，智库在特定或广泛的政策领域向政策制定者提出建议，并依靠专业知识和想法影响政策过程。① 现代智库自20世纪初在美国产生以来，发展已有近百年的历史，而我国对智库的研究始于20世纪90年代中后期，从一开始对美国智库的研究逐步过渡到本土化的研究与实践。和西方智库研究的政治学、政治决策和知识运用不同，结合政治体制和具体需求，中国的智库研究关注于专家决策咨询、公共政策议程设置和智

---

* 本研究受国家自然科学基金项目"基于行为分析的景区人流模拟与空间优化——GPS与问卷结合的研究"（项目编号：41671141）、福建省自然科学基金项目"融合眼动分析和主观评价的景区视觉感知研究"（项目编号：2020J01112118）共同资助。

** 李渊，通讯作者，湖北荆门人，工学博士，厦门大学建筑与土木工程学院，教授，博导，研究方向为文化遗产数字保护与应用；张娜，安徽六安人，厦门大学建筑与土木工程学院建筑学硕士研究生，研究方向为建筑遗产保护与数字化、建筑类型学；赵龙，山东青岛人，厦门大学文化遗产与城市建设专业博士研究生，研究方向为文化遗产与城市建设、遗产地旅游发展可持续性。

① H. Özgür, R. A. O. Kulaç, "An Analysis of the Studies on Think Tanks Success and Ranking," 3rd Eurasian Multidisciplinary Forum, EMF 2015, 19-21 October, Tbilisi, Georgia, 2015: 73-90.

库的旋转门机制等，借助智库发挥政府在战略层面、社会层面、经济层面、文化层面等方面的引导作用。

鼓浪屿国际历史社区作为世界遗产地，其可持续发展成为智库设立的目标导向，在“后申遗时代”下，鼓浪屿遗产地如何在维系遗产价值的基础上，通过长效机制的建立来解决可持续发展过程中社会、经济、环境的问题是势在必行的课题。本研究在智库建设与遗产地可持续发展的连接、敦煌研究院案例分析的基础上对鼓浪屿遗产地智库的建设进行了探讨，分析出现有情势下鼓浪屿遗产地可持续发展的问题和机构设置上的角色缺失，论证了鼓浪屿世界文化遗产地智库设立的必要性和未来研究路径。

一　智库建设与遗产地可持续发展的连接

2012 年党的十八大以来，习近平总书记高度重视中国特色智库建设，服务于地方发展和决策的智库建设被提升到国家的战略高度。2013 年 11 月，在党的十八届三中全会通过的《中共中央关于全面深化改革若干重大问题的决定》中强调要加强中国特色新型智库建设，建立健全决策咨询制度。2013 年 11 月 26 日，习近平总书记到山东曲阜的孔府和孔子研究院参观考察时强调：“一个国家、一个民族的强盛，总是以文化兴盛为支撑的，中华民族伟大复兴需要以中华文化发展繁荣为条件。”① 2014 年 2 月 25 日，习近平总书记察看玉河历史文化风貌保护工作展览和河堤遗址时指出，历史文化是城市的灵魂，要像爱惜自己的生命一样保护好城市历史文化遗产。……要本着对历史负责、对人民负责的精神，传承历史文脉，处理好城市改造开发和历史文化遗产保护利用的关系，切实做到在保护中发展、在发展中保护。② 2015 年 1 月 20 日中共中央办公厅、国务院办公厅发布的《关于加强中国特色新型智库建设的意见》强调中国特色新型智库建设对科学民主依法决策、国家治理体系和治理能力现代化、提高国家软实力的重要意义。2019 年 11 月 2 日，习近平总书记在察看上海黄浦江两岸风貌时提出，要妥善处理好保护和发展的关系，注重延续城市历史文脉，像对待“老人”一样尊重和善待城市中的老建筑，保留城市历史文化记忆，让人们记得住历史，记得住乡愁，坚定文化自信，增强家国情怀。③ 因此，遗产地智库建设在遗产地保护与管理体系

① 中共中央文献研究室编《习近平关于社会主义文化建设论述摘编》，中央文献出版社，2017，第 3~4 页。

② 《习近平与中国文化遗产保护》，人民网，http：//sn. people. com. cn/GB/n2/2020/0519/c378287 - 34026183. html？ ivk_sa = 1024320u。

③ 《习近平在上海考察时强调深入学习贯彻党的十九届四中全会精神提高社会主义现代化国际大都市治理能力和水平》，https：//baijiahao. baidu. com/s？ id = 1649178695992634792&wfr = spider&for = pc。

中扮演着牵头和桥梁作用，在维护遗产价值、可持续发展、服务决策、创新研究、战略谋划和智库国际化等方面将产生新的经济、文化和社会效益。

“在新的时代，智库是国家软实力的重要组成部分，是国家现代治理能力基础建设中的智力基础。”[①] 遗产地智库的建设作为遗产保护工作的重要组成部分和关键环节，在完善遗产地的保护、设计、投资、建造、运营、监测一体化（PDIBOM）管理体系，补强遗产保护短板，创新遗产地管理体制和保护机制，助推遗产地可持续发展，遗产保护话语体系的建设和创新，确保遗产保护科学化等方面起着重要的作用。2005 年联合国教科文组织在《会安草案——亚洲最佳保护范例》（“Hoi An Protocols：For Best Conservation Practice in Asia”）中列出了威胁亚洲地区遗产真实性的 6 个主要问题（见图 1），分别是：传统知识的丧失、城市更新压力、基础设施建设滞后、文化旅游、文脉丧失、地方精神的破坏。[②] 基于这个背景，面对遗产保护的复杂性，如何协调和平衡发展与保护的关系，如何在遗产地的保护、设计、投资、建造、运营、监测过程中获得智慧支持与技术支持并实现协调稳健的遗产地保护与发展，需要通过智库的建设来统筹、协调、引导、激活遗产保护过程中的潜力。

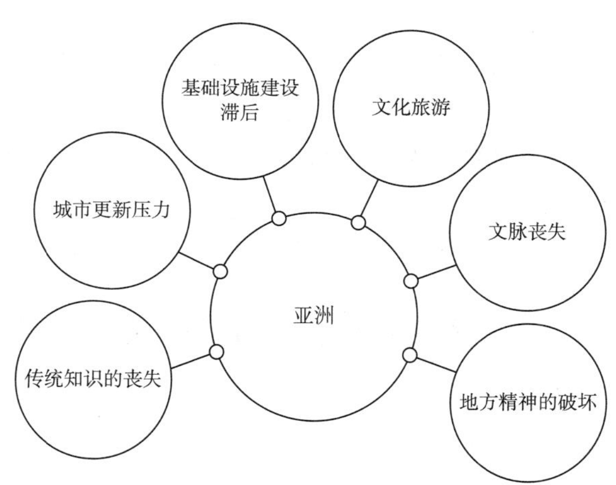

图 1　亚洲地区遗产真实性的六个主要威胁

图片来源：笔者自绘。

从全球 2019 年、2020 年可持续发展指数来看，全球的遗产地可持续发展存在不均

① 李伟：《智库是现代国家治理体系的重要组成部分》，人民论坛网，http：//theory. rmlt. com. cn/2014/0423/261109. shtml。

② R. A. Engelhardt，P. R. Rogers，“Hoi An Protocols：for Best Conservation Practice in Asia，” Professional Guidelines for Assuring and Preserving the Authenticity of Heritage Sites in the Context of the Cultures of Asia，Bangkok：Asia and Pacific-Regional Bureau for Education，UNESCO，Bangkok，2009：20-22.

衡、不协调的特点。自 2015 年联合国发布《2030 年可持续发展议程》以来，基于遗产地的可持续发展思考成为保护、设计、投资、建造、运营、监测诸多环节中不可或缺的因素，也正是因为如此，智库建设与遗产地产生了连接，智库为遗产地的可持续发展提供决策依据和有价值的发展导向。智库的“智”体现在创新研究、服务决策、技术手段及战略谋划等方面，“库”体现在人才库、技术库、合作库及经验库等方面。遗产地智库的建设是遗产保护工作的重要组成部分和关键环节，和遗产地的保护、设计、投资、建造、运营、监测一体化（PDIBOM）管理体系存在内在的耦合关系（见图 2）。

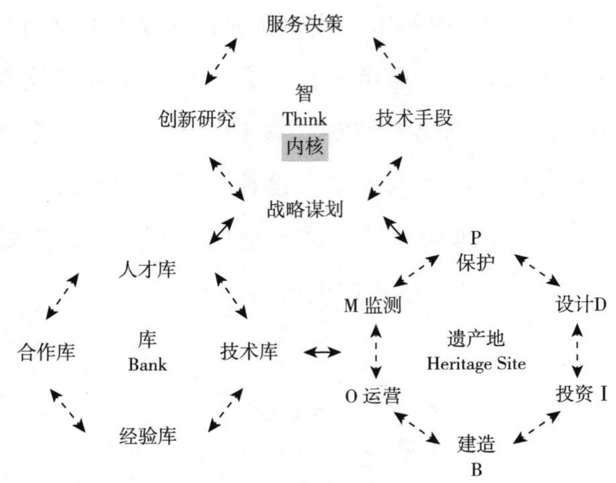

图 2 鼓浪屿智库与遗产地可持续发展的过程逻辑以及与 PDIBOM 管理体系的耦合关系

图片来源：笔者自绘。

二 智库建设、旅游与遗产地可持续发展的“复杂因果链”

遗产地可持续发展包含了社会、经济、环境三个维度，可持续旅游体系则包含了社会效益、经济效益、环境保护三个维度（见图 3），而可持续遗产地保护规划、开发和管理的决策往往是从经济维度进行的，特别是在发展中国家。经济增长在遗产保护体系中有着突出地位，特别是关于遗产地的可持续发展政策。在过去的几十年里，遗产旅游以较快的速度增长（见图 4），如果管理得当，遗产旅游可以结合社会经济、文化和环境探索可持续发展的新模式。然而，旅游开发在推进遗产地可持续发展的同时，极易走向以利益为主导的发展模式，很多问题和压力破坏了保护与发展过程中的平衡，这是一个普遍的、动态的问题。随着遗产旅游的繁荣，遗产地的传统功能逐渐被取代或消失，传统职业的消亡改变了经济基础和结构，随之而来的就业减少直接导致人口的流失和城市活力的下降。[①] 遗产地为了满足旅游需求，不得不增加新的功能，这不可避免地导致了商业化和庸俗化，加剧了传统特色的消亡，形成复杂的因果链。联合国教科文组织曾指出，"决策者、地方代表和他们的团队可以发挥关键作用"。国家、地方政府应该把政策、技术、人、文化、环境和经济联系起来。因此在实现遗产地保护与开发方面，通过智库的统筹、协调、引导、激活，以此来寻求遗产地发展的可持续性，确保平衡、全面、一体化的保护与开发模式不失为探索的方向之一。

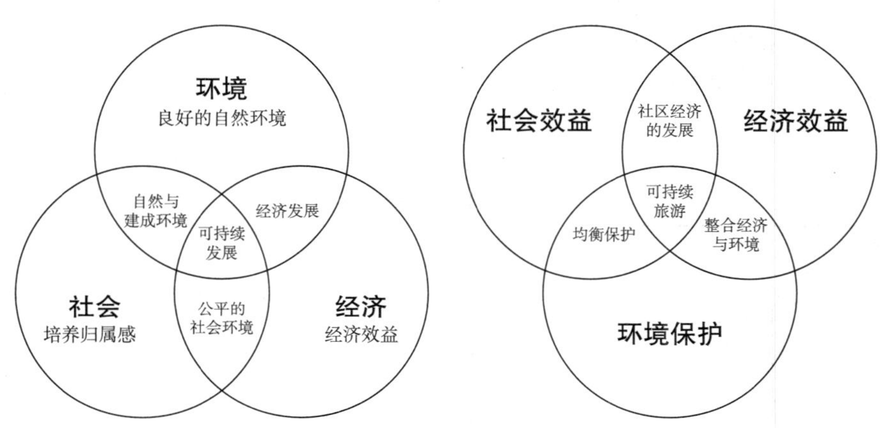

图 3　遗产地可持续发展三个维度及可持续旅游体系

图片来源：笔者自绘。

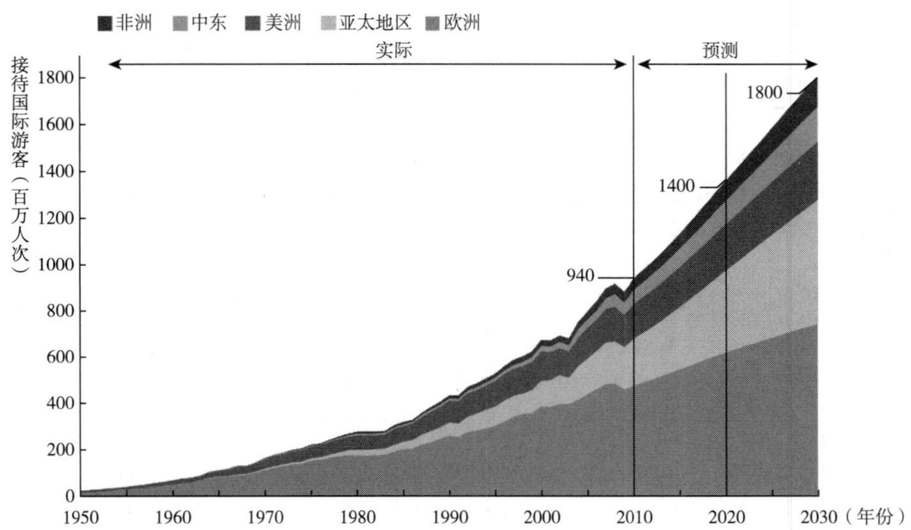

图 4　联合国世界旅游组织：1950~2030 年世界旅游的实际与趋势预测

资料来源：联合国世界旅游组织，2015，2017。

---

① ICOMOS, "2017. Evaluations of Nominations of Cultural and Mixed Properties," WHC-17/41. COM/INF. 8B1, 2017: 112.

联合国教科文组织、联合国世界旅游组织的文件致力于勾画宏伟的蓝图，引导缔约国根据本国国情，以政策性和规划性的战略来缓解、改善并最终解决问题。表1列举了遗产地的六项持续变化、实施干预手段和前瞻性行动的关键要点以及与《2030年可持续发展议程》所要求的短期和长期可持续发展目标的对应关系。在这种情况下，激发遗产地的发展潜力需要立足于以文化为基础、以社区为基础、以政策为基础、以规划为基础、以可持续为基础的框架之上，如何协调各方关系实现遗产地的可持续发展愿景，这又构成了遗产保护内部的因果链。基于这个逻辑，围绕遗产地的功能使用、社会结构、政治背景、经济发展、历史文化背景及环境考量因素等六项持续变化，来打造专业化、特色化、创新化的智库，并使之成为助力遗产地可持续发展的智力支撑，显得尤为必要。

表1　联合国教科文组织、联合国世界旅游组织文件中遗产的持续变化、可能的干预措施和前瞻性行动

持续变化	实施干预手段和前瞻性行动的关键要点	与SDGs的关系
功能使用	城市肌理和形态；调适利用；生活改善；工作和娱乐条件；真实性和完整性；文化表达	SDGs 9 SDGs 11 SDGs 12
社会结构	加强身份认同和社会凝聚力；增强社会文化活力；多样性；智力、情感、道德和精神的存在；确保持续的生活；社区参与；以人为本；人类语言遗产保护	SDGs 3 SDGs 10 SDGs 11 SDGs 16
政治背景	决策干预；机会形成；质量管理；前瞻性行动；国际合作；创新融资和激励机制；谈判过程；人权；遗产民主；教育和培训；赠款和贷款；构建新的伙伴关系模式	SDGs 1 SDGs 8 SDGs 9 SDGs 11 SDGs 12 SDGs 16 SDGs 17
经济发展	技术标准；规划与管理；由专家和专业人员组成的跨学科团队；长期遗产保护；地方推广；服务支持与质量；创意产业	
历史文化背景	可读性；价值结构；考古遗存；可见与非可见遗产；建立文化上合适的、可信的和真实的信息源；文化展示；实施文化遗产影响评估（Cultural Heritage Impact Assessments，CHIA）；知识重写；公开展览；文化多样性	SDGs 10 SDGs 11 SDGs 16
环境考量因素	清洁空气；运输解决方案；管制交通及污染车辆；建立合适的数据库；建立湿度控制；人类健康；化学品的健全管理和安全使用；回收废物和更有效地使用水和能源；清洁能源技术；面向发展的政策	SDGs 3 SDGs 6 SDGs 7 SDGs 9 SDGs 15

注：SDGs是联合国可持续发展目标的英文缩写。

资料来源：笔者根据《世界文化多样性宣言》（2001）、《大和宣言》（2004）、《维也纳备忘录》（2005）、《会安草案》（2005）、《2030年可持续发展议程》（2015）、《暹粒宣言》（2015）、《德里宣言》（2017）、《布宜诺斯艾利斯宣言》（2018）整理而成。

三　案例分析：敦煌研究院的智库建设

敦煌研究院是国家设立的负责世界文化遗产敦煌莫高窟、全国重点文物保护单位安西榆林窟和敦煌西千佛洞保护、管理和研究的综合性专门机构，同时也是国内外文化遗产保护的典范。敦煌研究院由决策层、管理层及执行层构成（见图5），决策层由院党委、院务委员会及院学术委员会构成，其中各分管院领导对接管理层和直接对接部分执行层，由决策层直接对接的执行层涵盖了文物保护研究、遗产保护设计咨询、文物保护技术服务、数字科技、旅游服务及艺术传媒等多个方面。管理层中的保护研

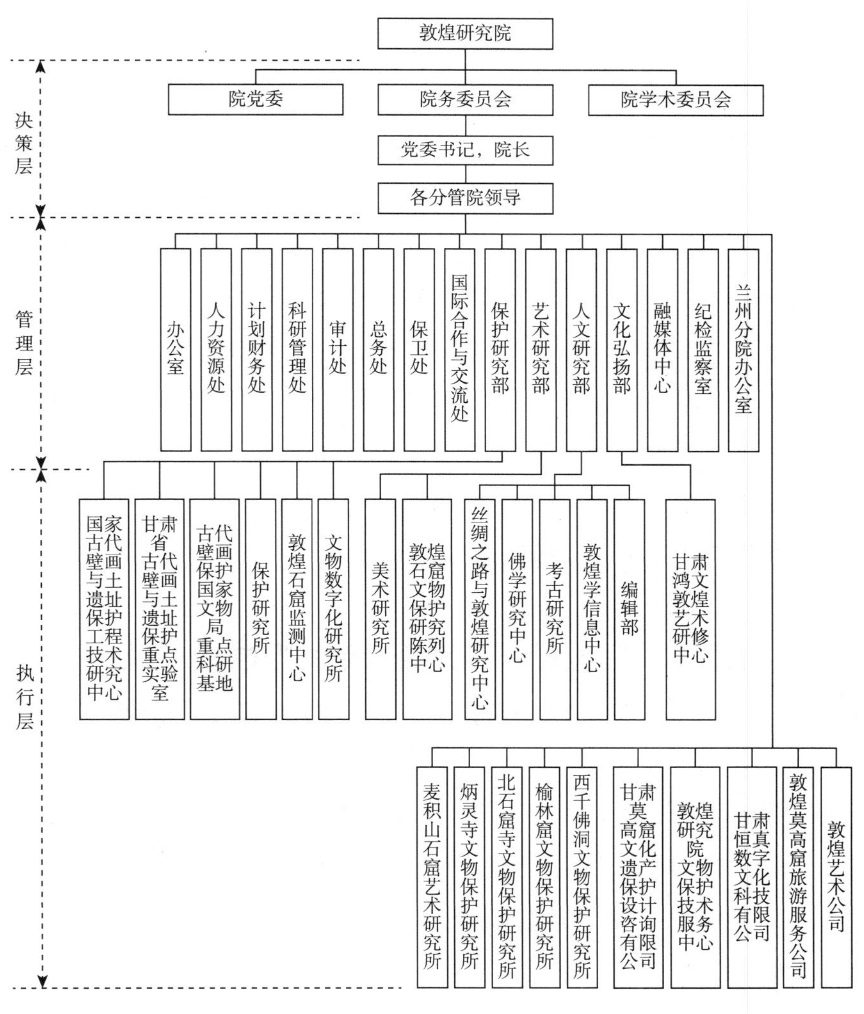

图5　敦煌研究院的组织架构

图片来源：敦煌研究院。

究部、艺术研究部、人文研究部和文化弘扬部扎根于文化遗产的保护研究、艺术、人文、文化等多维价值的挖掘并对接各个执行层。

20 世纪 90 年代初，敦煌研究院就着手将先进科技与文物保护理念对接，搭建了集数字信息采集处理、技术研发与应用于一体的系统平台，将洞窟、壁画、彩塑及与敦煌相关的文物加工成高智能数字图像，汇集成电子档案，构建出多元化、智能化的石窟文物数字资源库。经过近 30 年的探索实践，敦煌研究院完成了敦煌石窟 206 个洞窟的数据采集和 100 多个洞窟的图像处理、140 个洞窟的三维扫描和虚拟漫游节目制作，中英文版本的“数字敦煌资源库”先后面向全球上线，实现敦煌石窟 30 个洞窟整窟高清图像的全球共享。敦煌研究院以科学技术和科学管理为支撑，推动文化与科技的深度融合，多学科协同深入挖掘敦煌文化的多元价值，逐步形成了“保护是基础，研究是核心，传承弘扬是目的”的“十位一体”的事业发展模式和“基于价值完整性的平衡发展质量管理模式”，实现敦煌文化创造性转化和创新性发展。

结合敦煌研究院完善而成熟的组织架构，从遗产的持续变化、可能的干预措施和前瞻性行动来看待敦煌研究院的发展模式，可以看出它致力于基于功能使用的持续变化来实现真实性和完整性的文化表达；基于社会结构的持续变化来增强社会认同感、凝聚力与文化活力；基于政治背景的持续变化达到决策干预、质量管理、国际合作、创新融资的发展模式；基于经济发展的持续变化规范化技术标准与规划管理、创建跨学科科研团队，提高服务支持与质量，发展创意产业，实现地方推广等；基于历史文化背景的持续变化增强遗产的可读性，建立文化上合适的、可信的和真实的信息源，丰富文化展示的多样性等。因此，敦煌研究院不仅是世界文化遗产的文博管理机构，也是遗产地智库建设的优秀案例。

四　联合国教科文组织鼓浪屿世界文化遗产地的现有管理保护体系及反思

世界遗产影响效益分为社会、经济和环境三个方面，世界遗产的遗产类型、区域基础、基础设施、管理模式、保护政策、发展目标等诸多因素，均会对入遗效应产生影响。而仅仅成为世界遗产并不能自动带来入遗相关的社会、经济、环境效益，世界遗产自身的发展模式选择才是获得入遗效益、入遗效益如何体现的关键性因素。[①] 位于

① 吕宁、魏青：《旅游模式转变影响下的社会经济效益评价——对鼓浪屿入遗效应的再思考》，《中国文化遗产》2020 年第 1 期。

中国东南沿海、福建省厦门市的鼓浪屿，其历史文化遗存是一个有机的整体（见图 6）。因其 19 世纪中叶到 20 世纪中叶特殊的管理模式、文化交流状态以及由此在住区和景观营造上表现出的独特性和代表性，在有机城市肌理中表征出不同文化之间的互识互鉴和文化融合，以及缓慢的自我转化，① 共同承载着鼓浪屿的文化遗产价值。鼓浪屿于 2017 年列入世界遗产名录，在申报之初便确立了“可持续保护与旅游发展”这一目标，而如何通过遗产地智库建设促进这一具有自身特色和典型代表意义的共享遗产，阐释与展示其突出的普遍价值，找到自身的可持续发展模式，实现社会、经济和环境效益，成为值得思考的问题。

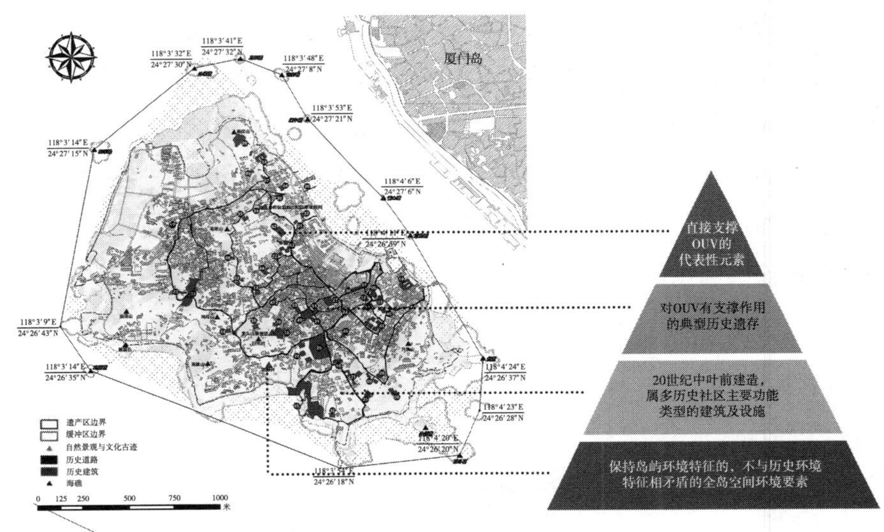

图 6　鼓浪屿支撑 OUV 的空间环境要素及其未来可持续性议题

图片来源：鼓浪屿—世界文化遗产图册。

（一）鼓浪屿现有文化遗产保护管理体系

厦门市鼓浪屿-万石山风景名胜区管委会（副厅级），作为厦门市政府的派出机构，主要负责鼓浪屿-万石山风景名胜区的规划、保护、建设、管理工作。管委会委托思明区管理（不含机构编制管理权限），管委会组织人事、党建和工青妇等工作统一由区一级来负责，同时划入原由思明区承担的鼓浪屿-万石山风景名胜区旅游秩序文化市场管理和不可移动文物的保护监管等职责，管委会在安全生产、应急管理和社会治安综合

① ICOMOS, “2017 Evaluations of Nominations of Cultural and Mixed Properties,” WHC-17/41. COM/INF. 8B1, 2017: 112.

治理等方面配合思明区做好相关工作。

目前，管委会内设6个职能部门建构起现有鼓浪屿文化遗产保护的管理体系（见图7），分别是办公室、市场处、规划处、文化遗产保护处、综合执法处、财务处；管委会下辖4个直属单位，分别是：机关单位1个，鼓浪屿房屋管理所；事业单位2个，鼓浪屿文化旅游发展中心、鼓浪屿世界文化遗产监测中心；委托管理单位1个，故宫鼓浪屿外国文物馆。管委会下属企业3个，它们分别是厦门轮渡公司、鼓浪屿风景区建设开发公司、鼓浪屿景区龙珠建设有限公司。其中，规划处主要承担风景名胜区保护、管理、利用的战略性研究；会同有关部门编制风景名胜区总体规划、详细规划和专项规划；按照国家有关规定和厦门市总体规划要求，对风景名胜区内的建设活动、园林绿化等名胜资源，提出有关规划审查意见；按权限负责风景名胜区建设项目的相关报批，参与建设项目竣工验收和后评价工作。文化遗产保护处牵头负责宣传、贯彻和落实有关文化遗产保护法律法规；负责鼓浪屿未定级不可移动文物、历史风貌建筑修缮、保护利用的监管工作；负责组织编制并实施鼓浪屿文化遗产保护规划；负责对鼓浪屿文化遗产的调查、研究，建立鼓浪屿文化遗产数据库；负责万石山风景名胜区文物古迹的保护修缮利用的监管工作。

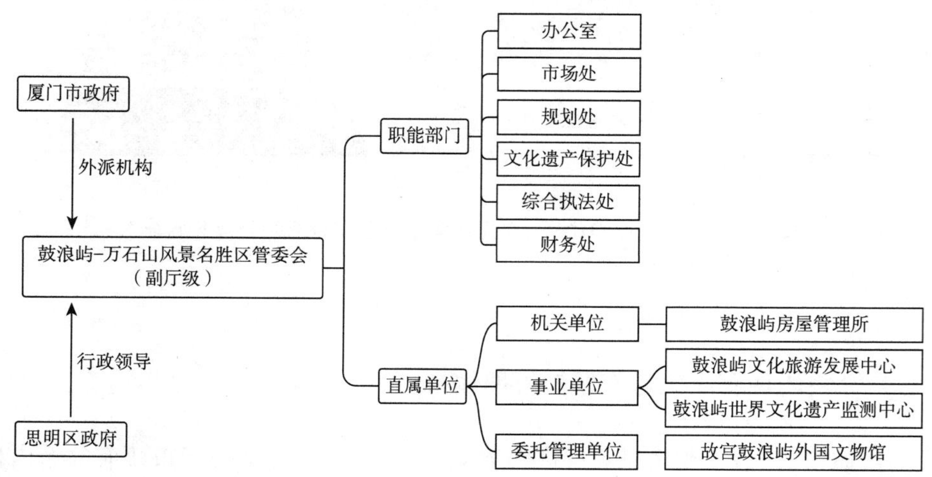

图7　鼓浪屿现有文化遗产保护管理职能框架

图片来源：笔者自绘。

（二）对鼓浪屿现有文化遗产保护管理体系的反思

世界遗产地鼓浪屿存在的一系列问题，如历史文化内涵阐释媒介的短缺、遗产价值与游客感知的错位等文化表达及价值阐释问题，遗产本体的学术研究、价值挖掘、物理性保护及活化利用等问题，产权情况复杂、居民流失、建筑空置及社区功能发生改变、业态复杂等社区管理问题，由快速增长的家庭旅馆、低端餐饮业、海产品流动零售业导致的岛屿经济形态、城市肌理、空间形态和社区品质的破坏等问题，依然没有得到有效的解决，这也将影响世界遗产地鼓浪屿的可持续发展。在城市动态发展的环境下研究世界遗产地鼓浪屿的可持续发展问题是必要的。世界文化遗产保护是一个动态发展的过程，必将随着社会发展而变化，只有将其纳入城市总体环境同步发展的范畴并根据时代发展变化积极主动地调整保护规划才能使文化遗产具有更强的活力和生命力。[①] 因此，对文化遗产实施智库建设介入下的动态保护规划是实现遗产地可持续发展的重要环节（见图 8）。

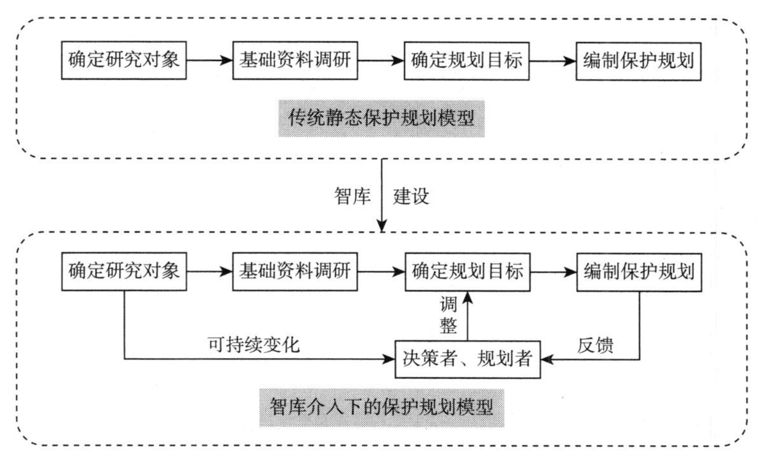

图 8　遗产智库介入下的文化遗产保护规划思路

图片来源：笔者自绘。

鼓浪屿遗产地目前的管理机制以法律框架、组织框架、资源配置为基础，形成决策—实施—监测的工作程序和以人和社区为中心的管理策略和工作路径。从遗产地的功能使用、社会结构、政治背景、经济发展、历史文化背景、环境考量因素等六项持续变化来看待鼓浪屿的遗产保护与管理，依然存在一些不足。鼓浪屿在管理体系建设、遗产要素保护、历史环境保护、档案信息管理专题研究、遗产价值展示与阐释、旅游地游客管理、遗产监测、社区参与等工作内容上呈现一定的碎片化，缺乏系统性和深入性，相较致力于环境、社会、经济效益的综合提升，它更偏向于遗产地的静态保护。其特征表现为以控制性措施为主，局限于保护过去，保护范围相对狭隘，方法也比较

① 梁航琳、杨昌鸣：《中国城市化进程中文化遗产保护对策研究——文化遗产的动态保护观》，《建筑师》2006 年第 2 期。

单一；没有在保护中将文化遗产作为城市总体发展的有机组成部分来考虑；更多的仅限于形式上的保护，缺少实际意义上的可持续发展性。①

值得注意的是，过去的部门设置与组织框架明显滞后于日益复杂化的鼓浪屿遗产保护现实。根据《中共厦门市委机构编制委员会关于市鼓浪屿-万石山风景名胜区管理委员会和机构编制调整事项的通知》，管委会职能更多的是侧重于遗产地监管，角色是“管理者”与“决策者”。在这种情况下，系统性、复杂性、交叉性、专业性、战略性的遗产保护问题需要由专业部门承担起“研究者”的角色。过去，申遗关注的是遗产本身，而当下“后申遗时代”则要关注遗产的长效管理机制、可持续发展模式、遗产价值维护与延续等更务实的事宜，内容已经扩大为更深层次的社会、文化、经济、环境问题，而这些需要专业部门作出有针对性的因应。根据对国内遗产地管理与研究机构的成功案例分析，政府部门主要承担监管的重任，而专业技术性的问题则交付给专业部门进行具体问题具体分析，打通关键的难点，尤其在“后申遗时代”的鼓浪屿遗产保护问题上，需要在部门设立、职责调整、人员编制上进行细分。此外，从“强行政弱研究”的思路转变为“研究与行政并行”的思路也是必须解决的遗产管理问题，鼓浪屿文化遗产保护中心的设立恰好可以补位，这也是中心筹备、建立的初衷。基于上述逻辑，遗产地精细化治理的问题由鼓浪屿管委会负责，遗产保护技术问题则由鼓浪屿文化遗产保护中心发挥其专业、专长，这样权责分明、互补支撑。

五 面向可持续发展的联合国教科文组织鼓浪屿世界文化遗产地智库建设研究

（一）基于智库建设的鼓浪屿文化遗产保护中心组织架构设想

在设想中，鼓浪屿文化遗产保护中心为鼓浪屿管委会下属的正处级事业单位，在组织架构上（见图9），比照敦煌研究院模式可以设置三个层级的人才库机制，分别是学术委员会（第一层级）、院士工作站（第二层级）、博士及博士后科研流动站（第三层级）三个部门强化人才引进、人才流动、学术科研力度，在此基础上设立6个职能部门，全面负责鼓浪屿文化遗产保护和研究工作，完成从研究到实践的整体过程。

第一个层级是鼓浪屿文化遗产保护中心学术委员会，该委员会作为学术评议与审核机构，其主要职能是审议鼓浪屿文化遗产保护中心科学研究的远景规划和计划草案，

① 梁航琳、杨昌鸣：《中国城市化进程中文化遗产保护对策研究——文化遗产的动态保护观》，《建筑师》2006年第2期。

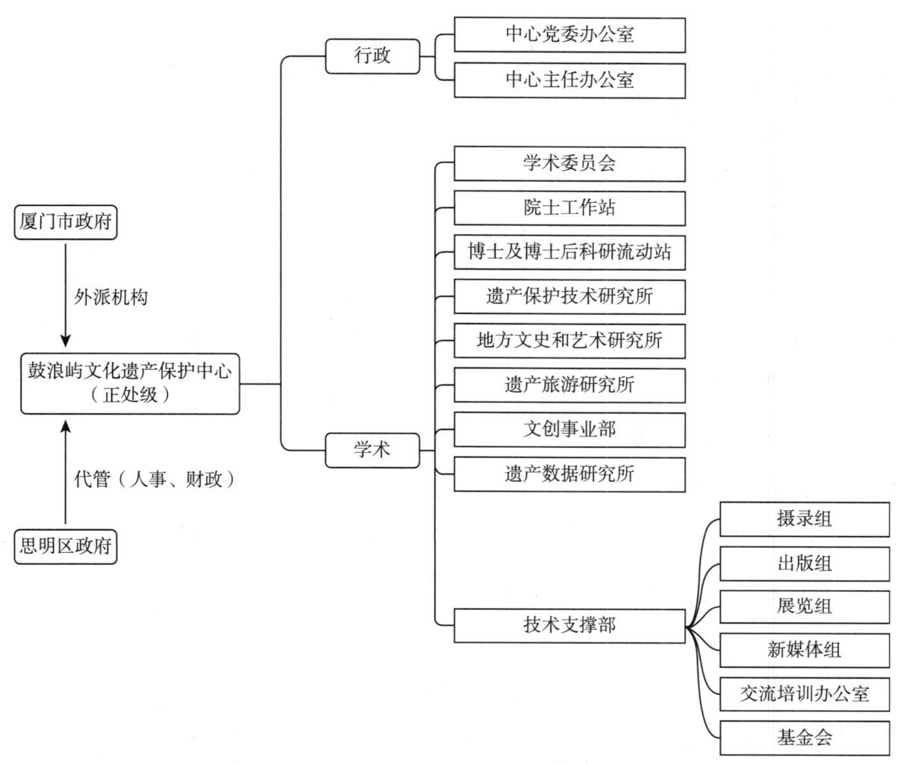

图 9　鼓浪屿文化遗产保护中心组织架构设想

图片来源：笔者自绘。

对较大型学术活动提出建议，推动与促进中心所属各部门向国内外实施的学术交流及科技合作，审议重大研究课题的开题报告；第二个层级是院士工作站，该工作站以鼓浪屿保护发展的需求为导向，通过院士及其创新团队的核心技术助力，联合攻克遗产保护关键技术、共性技术，促进科技成果转化及遗产地可持续化；第三个层级是博士及博士后科研流动站，该流动站以重大项目为依托招收博士后研究人员，从事探索、开拓、创新性质的科研任务，为鼓浪屿遗产保护解决高水平技术难题，促进科研成果的推广和开发，并向社会提供技术咨询。

在三个层级之下，鼓浪屿文化遗产保护中心设置了 6 个职能部门，其中遗产保护技术研究所重点研究鼓浪屿遗产地物质文化遗产，负责遗产建筑保护、建筑结构、建筑材料与施工工艺、建筑装饰技术、建筑修缮、遗产建筑适应性再利用、整体历史景观风貌的保护与研究工作；地方文史和艺术研究所重点研究鼓浪屿遗产地非物质文化遗产，负责挖掘与研究鼓浪屿历史文化、地方曲艺、传统手工艺技术、绘画、音乐、舞蹈等非物质文化资源，并对其开展收集、分类、记录和保护工作；结合旅游业的发展，遗产旅游研究所重点研究旅游产业发展背景下鼓浪屿的具体社会、经济、环境、文化、遗产价值等问题，负责区域旅游资源协同发展、遗产旅游品牌化建设、旅游产品的设计与开发等实际问题的研究；文创事业部是负责鼓浪屿文化遗产保护中心文创事业管理工作和招商的职能部门，负责鼓浪屿文化遗产保护中心的发展战略与规划，制订文创事业发展规划并组织实施，负责对鼓浪屿历史文化进行深度挖掘，设计、研发与鼓浪屿历史文化紧密相关的文化产品，负责对文物展览的随展商品、衍生品的开发与设计，负责组织各种形式的文化推广活动，研究和开发智慧旅游服务，建立招商引资平台等；遗产数据研究所重点承担文化遗产的调查、研究、整理及数字化工作，负责相关数字信息采集处理工作，收集、整理、分析鼓浪屿遗产监测数据、旅游数据、人口数据、产业发展数据，构建多元化、智能化的鼓浪屿遗产数字资源库，协助编制遗产地保护管理规划、全域旅游发展规划，修订风景名胜区的规划；技术支撑部为鼓浪屿文化遗产保护中心科研任务的各类摄录、出版、展陈、交流培训需求提供保障，负责中心日常事务及重要事务的综合协调，负责中心外联、通信、公共关系以及重要事务的综合协调，负责中心日常及重大对外接待工作，负责固定资产及办公用品的计划编制、采购和发放，零星修缮、办公环境的管理，负责中心通讯报道的编辑，网站、微信公众号等宣传媒介的内容更新，负责中心对外宣传报道稿件、图片、录音、录像、展品的组织和审查工作。总体上，在既有的鼓浪屿管委会组织架构的基础上组建和配置的文化遗产保护中心在遗产保护上更有针对性，发挥作用的着力点更具体、更有效。

（二）基于智库建设的鼓浪屿世界文化遗产地可持续发展设想

结合智库建设与遗产地可持续发展的联系、敦煌研究院的案例解读，以及鼓浪屿世界文化遗产地目前保护规划的模式及存在的可持续发展问题，世界遗产地鼓浪屿的保护与未来走向需要与智库建设结合起来，将世界遗产地鼓浪屿的遗产保护工作纳入动态的城市发展框架中，以智库介入实现动态的精细化治理与可持续发展模式（见图 10），“自上而下”地确立对遗产要素与遗产环境的全面保护，并由法律、法规提供保证；经由政府支持、专家与公众共同参与的“自下而上”形式，推动鼓浪屿历史建筑的日常保养及合理使用，以及街巷风貌的保护及环境的提升。[①] 在实施层面，应该围绕社区管理、公众参与、遗产管理、保护与开发体系和智库发展的要求，借鉴敦煌研究院决策层、管理层及执行层的建设经验，基于鼓浪屿遗产社区现实存在的围绕“社区”“遗产”“旅游”三个层面的可持续发展问题，建设遗产地智库。

---

① 刘强：《鼓浪屿历史性城镇景观保护研究初探》，《遗产与保护研究》2017 年第 4 期。

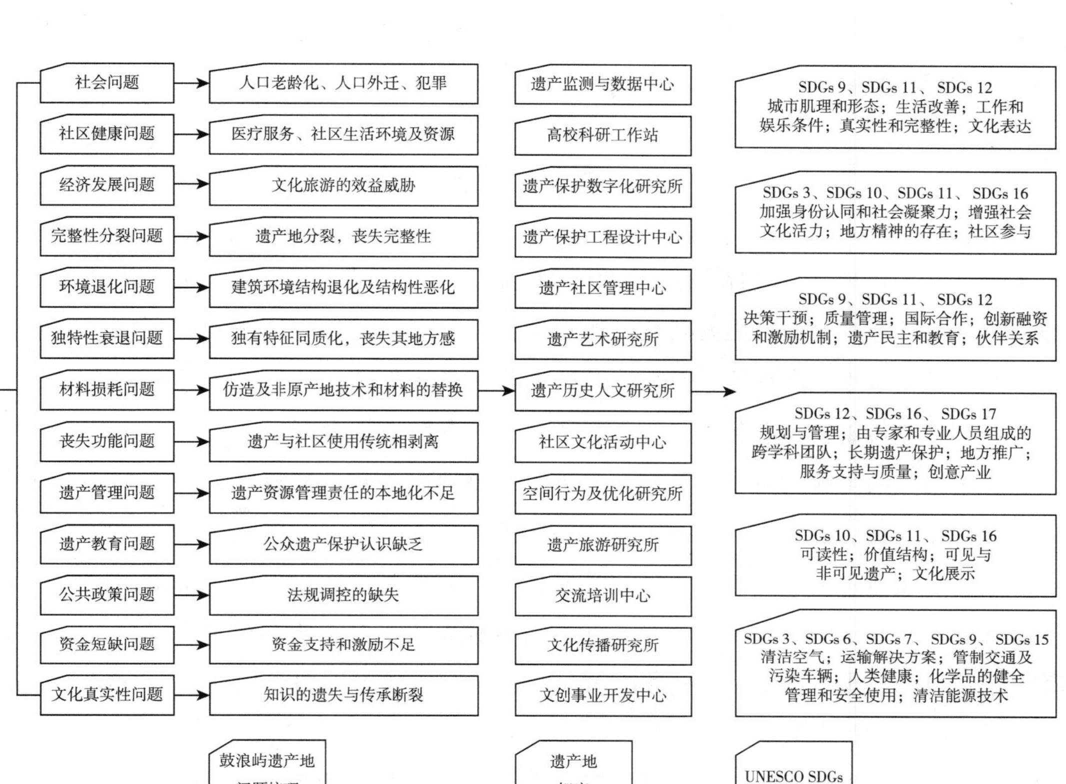

图 10 “问题—路径—目标”导向下的鼓浪屿世界文化遗产地可持续发展设想

图片来源：笔者自绘。

在组织架构上，弥补机构角色缺失的短板，发展与完善遗产保护研究、遗产保护设计咨询、遗产更新与活化利用、遗产保护技术服务、数字科技、旅游服务及艺术传媒，扎根于遗产保护研究，鼓励社群参与，推广遗产旅游，深度挖掘艺术、人文、文化等多维价值并丰富遗产价值的阐释渠道。通过遗产地智库建设，优化保护发展的组织架构，增强决策的科学性与合理性，以智库介入形成动态的可持续的保护规划模型，建立扎根于鼓浪屿世界文化遗产地的人才库、技术库、合作库、经验库，形成完整的智库体系，以不断优化的创新研究、服务决策、技术手段及战略谋划弥补传统知识的丧失、缓解城市更新压力、优化基础设施建设的速度与规模、推广遗产文化旅游、传承地方文脉，以此服务于鼓浪屿世界文化遗产地的可持续发展。世界遗产地鼓浪屿的智库建设应站在时代前沿，采用新技术方法，加强前瞻性研究，力求做到“精益求精、注重科学、讲求质量、切实提高服务决策的能力水平”，从其他申遗或遗产地案例中，总结自己或借鉴他者经验，寻找自己的模式，构建长期性、跟踪性、储备性鼓浪屿研究话语体系，通过遗产地智库建设，助推社会凝聚力和身份认同感，提高社区居民的幸福指数，增强遗产旅游的经济驱动力，促进遗产地可持续发展，对经济、社会和环境产生积极效应。①

六 结语

遗产地的可持续发展智库作为“中国智库模式”的探索，立足于国情新时代，实现国家治理体系和治理能力现代化，可以引导遗产地可持续发展规划的方向，在保持发展规划的科学性、合理性、制度性基础上起到牵头作用，拓展至多种模块并存、并行、协同体制机制，建立起统一的遗产地智库，有助于探索新形势下遗产地保护、开发，保证最大限度地均衡化。鼓浪屿文化遗产保护中心其创新研究、服务决策、技术手段、战略谋划、人才库、技术库、合作库及经验库对完善和优化遗产地的保护、设计、投资、建造、运营、监测一体化管理体系等方面具有积极作用。未来，鼓浪屿文化遗产保护中心（筹）将在鼓浪屿保护与管理体系中起到牵头和桥梁作用，在维护鼓浪屿遗产价值、可持续发展、服务决策、创新研究、战略谋划和国际化等方面产生新的经济、文化和社会效益。

本文探讨了智库建设的必要性、遗产地可持续发展的复杂因果链以及两者之间的内在耦合关系，分析了智库建设是遗产地保护与可持续发展的重要环节。本文分析了敦煌研究院作为世界文化遗产的文博管理机构在遗产地智库建设中组织架构层面与遗产地精细化治理层面的成功之处，探讨其如何通过遗产地智库建设来促进世界遗产地的可持续发展并实现社会、经济和环境效益。在此基础上，本文对鼓浪屿世界文化遗产地的智库建设进行论证，研究分析了鼓浪屿世界文化遗产地目前亟须解决的可持续发展问题，发现其遗产保护机构的组织架构不完善和角色缺失问题。本研究以智库建设为依托，探讨其在优化鼓浪屿世界文化遗产地保护发展规划的科学性、合理性、制度性等方面的可能性，本研究有助于探索新形势下遗产地均衡化的保护与开发，为促进实现遗产地的可持续发展提供一定的方法和思路。

（感谢敦煌研究院和鼓浪屿管委会对本研究给予的支持与协助）

① 吕宁、魏青：《旅游模式转变影响下的社会经济效益评价——对鼓浪屿入遗效应的再思考》，《中国文化遗产》2020 年第 1 期。

再造鼓浪屿国际社区的几点思考与建议

詹朝霞*

摘要： 如何在新时代发挥鼓浪屿历史国际社区的遗产价值和作用，担当新的历史使命，是一个需要重新审视的问题。本文从习近平总书记各个时期对鼓浪屿的关怀及批示的政治纬度，从鼓浪屿独特历史人文价值的历史纬度，从当今国际形势的时代纬度等几个纬度，试图讨论鼓浪屿不应只着眼于全国旅游目的地的定位，而应基于其作为世界文化遗产历史国际社区的优势重新定位，再造鼓浪屿国际社区，再生新时代文化艺术音乐之岛，在此基础上，打造全国休闲体验度假目的地。

关键词： 鼓浪屿　历史国际社区　世界文化遗产　音乐之岛

一　新时代背景下重新审视鼓浪屿价值和作用的必要性

鼓浪屿是习近平总书记所说的国之瑰宝，是世界文化遗产历史国际社区，是厦门的历史文脉、文化名片和城市品牌，其分量与价值不言而喻。申遗成功后的鼓浪屿，不缺少知名度与显示度，但缺少具有历史深度与时代广度的重新审视。

在中国国力持续强盛、经济稳步发展、疫情防控有力，中国正以强大的文化自信寻求与世界沟通对话与交流合作的时代背景下，厦门作为高素质、高颜值、现代化、国际化的中国沿海重要港口城市，生态优良，宜居宜业，开放包融，更应在中国国际文化艺术交流中发挥引领性作用。厦门“文化中心、艺术之城、音乐之岛”的城市定位，正是这一时代需求的呼应和体现。而鼓浪屿是这一定位的最好诠释和表达，并应在其中发挥引领性作用。在此意义上，有必要站在新时代的高度上，从国家层面对鼓浪屿的价值和作用进行重新审视，有必要就其发挥历史国际社区的独特人文价值，服

* 詹朝霞，厦门市社会科学院鼓浪屿国际研究中心工作人员，厦门市政协特约文史研究员，研究方向为鼓浪屿文史及厦门地方文史。

务于国家对外宣传及国际交流合作的大局，同时为厦门“两高两化”发展战略发挥引领性作用进行重新思考。

（一）习近平总书记对鼓浪屿的关怀和指示是新时代重新审视鼓浪屿的政治前提

早在1985年，时任厦门市委常委、副市长的习近平就在他主持制定的《1985—2000年厦门经济社会发展战略》中指出：“考虑到我国城市和风景区的建设中，能够把自然景观和人文景观十分和谐地结合在一起者为数并不多，因此很有必要视鼓浪屿为国家的瑰宝，在这个高度上统一规划建设和保护。”①

2002年6月，时任福建省委副书记、省长的习近平到厦门调研，强调要把鼓浪屿摆到更突出的位置，发挥更重要的作用。②

2017年7月，鼓浪屿申遗成功，习近平总书记作出重要指示：“把老祖宗留下的文化遗产精心守护好，让历史文脉更好地传承下去。”③

习近平总书记不同时期对鼓浪屿的批示、指示精神，为鼓浪屿发展定下了基调，指明了方向，是鼓浪屿发展各项事业的宗旨与方针，充分体现了他对鼓浪屿的高度重视与关怀。正是在他的关心鼓励支持下，鼓浪屿申遗成功，成为世界文化遗产。

在新时代如何贯彻落实习近平总书记的批示精神，如何发挥鼓浪屿历史国际社区独特人文价值，打好“国际牌”，在国家层面的高度上，在中国话语体系及叙事模式下，促进中国与国际社会交流，在柔化对台关系中担当历史使命，在厦门“两高两化”战略中发挥引领性作用，承担时代角色，是一个值得思考与实践的问题，也是摆在厦门市委、市政府面前的新课题、大课题。

（二）鼓浪屿的独特人文价值是新时代重新审视鼓浪屿的历史基础

鼓浪屿以“历史国际社区”申遗成功，其渊源是厦门向海而生、因港兴市的海港城市特质。

早在明末清初（1624—1735年），厦门取代漳州月港，成为联通中国沿海以北及海外的贸易网络中心，成为继泉州刺桐港、漳州月港之后中国东南的又一大港。

19世纪中叶至20世纪中叶，厦门被迫成为“五口通商”之一。作为厦门的离岛，

---

① 《在保护与传承中凝聚强大的前进定力——习近平推动文化和自然遗产保护福建纪事》，中共中央党校（国家行政学院）网站，https://www.ccps.gov.cn/xtt/202108/t20210802_150074.shtml?from=groupmessage。

② 《在保护与传承中凝聚强大的前进定力——习近平推动文化和自然遗产保护福建纪事》，中共中央党校（国家行政学院）网站，https://www.ccps.gov.cn/xtt/202108/t20210802_150074.shtml?from=groupmessage。

③ 《在保护与传承中凝聚强大的前进定力——习近平推动文化和自然遗产保护福建纪事》，中共中央党校（国家行政学院）网站，https://www.ccps.gov.cn/xtt/202108/t20210802_150074.shtml?from=groupmessage。

鼓浪屿在一手拿枪炮一手拿《圣经》的西方侵略者的强力介入下，在东南亚归国华侨的积极抗争与共同参与下，成为华洋共居、多国共管、多元文化共融的国际社区（International Settlement），以及汇通南洋联通世界的总部经济区，进入中国与世界近现代史舞台。20 世纪二三十年代，鼓浪屿成为与曼哈顿齐名的世界最富有小岛。当时世界只知一个叫 Kulangsu 的小岛，不知有个叫 Amoy 的厦门。

但是，当时鼓浪屿闻名于世界，绝非仅因其富有，而是因为其多元文化融合的独特人文价值。

鼓浪屿作为中国传统渔耕聚落，在宋朝时就已有周边渔民在此繁衍生息。始建于清嘉庆年间的黄氏家族的四落大厝至今犹存，即使在后来英国占领者的文献描述中它也被视为华屋精舍。其时鼓浪屿虽小，但也有宗祠私塾，中国的传统文化在此根深蒂固。及至明末清初，鼓浪屿作为郑成功的水操台及中外商人时而光顾之地而明珠乍现。

第一次鸦片战争后，西方列强强行打开中国大门，厦门成为“五口通商”之一。鼓浪屿因其四面环海与厦门本岛一水之隔的独特地理位置，而成为西方各国领事、洋行经理、传教士的居住之地。最多时，鼓浪屿有 13 个国家的领事馆。西方人在开办洋行追求贸易利益的同时，也将西方文化引入小岛。这些西方人在此建道路、医院、学校、教堂。将以钢琴为代表的音乐文化、以足球为代表的体育文化引入鼓浪屿。无论其当时出于何种目的，以上种种举措客观上使鼓浪屿成为在教育、文化、卫生、安全等各方面优于对岸厦门的宜居之地。

甲午战争后，台湾士绅林尔嘉、林祖密、林鹤年等及南洋华侨黄奕住、李清泉、黄秀烺等纷纷归国，定居于鼓浪屿。他们财力雄厚，报国心切，在鼓浪屿大兴土木，建楼宇、学校、医院，致力于电灯、电话、自来水等公共事业建设，成为鼓浪屿社会生活的主体。鼓浪屿现今遗存的 1000 多幢建筑，绝大多数为华侨所建。

在此期间，鼓浪屿诞生了中国第一所幼儿园——怀德幼稚园。幼儿教育与女子教育领全国风气之先。毓德女学、怀仁女学、慈勤女子学校与寻源书院、英华书院等男子学校并驾齐驱，养元小学、福民小学、美华学校同时并存。一时鼓浪屿文教风流，书声琅琅，成为人才的摇篮，培养出林语堂、林巧稚、余青松、曾呈奎、卢嘉锡、卓仁禧、张乾二、吴沧浦等科学家、文学家；培养出周淑安、林俊卿、李嘉禄、殷承宗、许斐平、许斐星、卓一龙等钢琴家和音乐家；更有周廷旭、林克恭等世界知名的艺术家。

20 世纪三四十年代，鼓浪屿也是中国共产党福建省机关及城工部等党组织活动的基地。鼓浪屿现存红色遗址就有中共福建省委机关旧址（虎巷 8 号）、中共福建省第二次代表大会会址（内厝澳路449号）、中共福建省委军委机关旧址（福州路127号）等八处之多。恽代英、蔡协民、曾志、罗明等共产党人皆在此留下了红色足迹，见证了党的成长壮大和解放事业的胜利。

在一百多年的时间里，具有闽南色彩的本土文化、具有南洋色彩的华侨文化、具有教会色彩的西方文化在鼓浪屿融合共生，鼓浪屿逐渐从一个中国传统的渔耕聚落演变成为多元文化融合的国际社区。

这就是鼓浪屿的历史人文属性，是鼓浪屿成为世界文化遗产的原因所在，是习近平总书记在批示中所说的“文化遗产”和“历史文脉”，是国之瑰宝，更是厦门的宝贵财富和专属品牌。在此意义上，鼓浪屿有理由在国家层面的高度上，担当起中国与世界文化艺术交流的历史使命，承担起在厦门“两高两化”发展战略中发挥关键性作用的时代角色，特别是为国际化发展战略作出引领性贡献。

（三）当今国际形势是新时代重新审视鼓浪屿的时代需求

2019年底至今，新冠病毒肆虐全球，人类社会经历了严峻的考验。在党和政府强有力的领导下，中国迅速、有效、及时地控制住了疫情，全国经济迅速恢复正常并稳中有升，人民安居乐业，人心稳定，衷心地拥戴中国共产党的正确领导。

与此同时，国际社会呈现复杂多变的形势。中国的经济崛起，国力强盛，使某些西方国家深感不安，视中国为对手，对中国多有出言不逊。可以说，目前中国所处的国际环境总体良好。在此国际背景下，中国更须在国际社会确立自己的话语体系和叙事模式，做好对外宣传，讲好中国故事，树立可信、可爱、可敬的中国形象。

鼓浪屿历史上多元文化的国际社区属性，与欧美诸国、东南亚各国及台湾地区的深刻关系，正可以古为今用，在新时期担当起联通世界、促进世界文化艺术交流的历史使命和时代角色，将鼓浪屿文化遗产与历史文脉转化为现实价值。这是时代的呼唤，是国之自信、国之开放的强有力的表达。

（四）申遗成功为新时代重新审视鼓浪屿提供可能性

鼓浪屿于2017年7月申遗成功，其意义有以下几点：一是使鼓浪屿的人文独特性脱颖而出，并得以保护和传承，从世界文化遗产的高度使其所在城市之美誉度与知名度进一步提高。二是从法理上明确并尊重鼓浪屿作为人文社区的历史属性。游客、市民码头分流有效缓解了景区与社区难以兼顾的矛盾，一定程度上达到二者兼容的相对平衡。三是上岛客流量控制在5万人次/天以内，有效改善了之前客流量过大造成的脏乱差挤状况，提升了全岛环境，优化了体验感和舒适度。四是提炼出一批具有文物保护价值的建筑及文物。比如重修三和宫摩崖石刻遗址及汇丰银行公馆周边环境的清理整顿，使这一具有重要文物价值的区域得以重见天日。五是硬件环境上有较大改观，道路、立面、外墙等呈现整洁美观之观感。六是环境卫生有较大提升，一定程度上回到干净、安静的良好状态。

应该说，鼓浪屿申遗成功所带来的积极效应，为其在新时代担当联通世界、促进世界文化艺术交流的历史使命和时代角色，提供了有利条件和可能性。

（五）作为景区的鼓浪屿与新时代担当历史使命的鼓浪屿的兼容性

作为人文景区，鼓浪屿为厦门贡献了知名度与美誉度，为拉动厦门全域旅游居功至伟。但也应该看到，鼓浪屿的作用不应仅限于此。如上文所述，新时代鼓浪屿的历史使命是为开展国际文化艺术交流、构造中国叙事模式发挥引领性作用。鼓浪屿应在这方面加大想象力和表现力，再造鼓浪屿国际社区，打造中国国际会客厅和国际高端小型会议中心，开展多层次多方位国际文化艺术活动。在此前提下，引导鼓浪屿旅游往休闲、体验、度假的散客客户群发展。与曾厝垵的热闹、活力、刺激的团队客户群有所区分，形成动静咸宜、各得其所的旅游市场划分。唯其如此，鼓浪屿的人文底蕴才可能得到尊重和表达，鼓浪屿才有可能回归安静、宁静、优雅的人文环境，与其新时代所担负的历史使命互为兼容，相得益彰。

二　新时代鼓浪屿发展理念与定位

综上所述，鼓浪屿应明确其新时代的发展理念和定位。本文认为，其发展理念为：鼓浪屿是习近平总书记在批示中所说的“文化遗产”和“历史文脉”，是国之瑰宝，更是厦门的宝贵财富和专属品牌，是厦门的城市名片和象征。在此意义上，鼓浪屿有理由在国家层面的高度上进行规划。不应以单纯追求 GDP 为目标，而是尊重其多元文化的国际社区与总部经济区的历史基因和人文属性，致力于新时代人文社区培育、人文环境构建，将历史国际社区转变为现代化国际社区，以期担当起新时代赋予它的中国与世界文化艺术交流的历史使命，承担起在厦门“两高两化”发展战略中的关键性作用，为厦门“文化中心、艺术之城、音乐之岛”的城市定位作出引领性贡献。

综合上述，鼓浪屿的定位为：再造鼓浪屿国际社区，再生新时代文化艺术音乐之岛，在此基础上，打造全国休闲体验度假目的地。

三 再造鼓浪屿国际社区的建议

基于上述理念与定位，释放鼓浪屿原有的独特的人文历史底蕴，培育新时期鼓浪屿人文环境是当务之急，势在必行。虽然目前的人文生态环境较前几年有较大改善，但鼓浪屿本身所特有的文化底蕴远未得到充分展示。为此建议如下。

（一）基于鼓浪屿历史人文基因，培育新时期鼓浪屿人文环境

一是打造厦门国际会客厅，促进国际文化艺术交流。鼓浪屿曾以“十三国领事馆”著称，是东南亚归国华侨的定居之地，是著名的国际社区。国际化是厦门城市发展的追求和方向。鼓浪屿应充分发挥其国际社区的历史基因，与曾经在鼓浪屿建立领事馆的各国及东南亚各国建立常态化联系，开展世界文化遗产之鼓浪屿与世界国际文化沙龙系列活动。重启“鼓浪屿音乐周”等鼓浪屿经典文化品牌，广泛开展外事活动，与国际社会建立友好互动，尤其与曾经在鼓浪屿建立领事馆的各国及东南亚各国建立友好交流合作关系，邀请各国大使在鼓浪屿举办文化艺术沙龙及营商活动，向世界展示鼓浪屿独特的历史价值与人文魅力，有力推进厦门城市国际化步伐。

二是妥善利用修缮腾迁的楼院别墅，开展国际文化艺术活动。如利用漳州路 5 号原英国领事馆，三明路原美国领事馆，中华路 5 号原荷兰领事馆，鹿礁路 109 号小白楼，三明路 44 号、46 号原宏宁医院，汇丰银行公馆及职员宿舍楼等空置建筑，以沙龙、研讨会、音乐会、国际赛事等形式，开展国际文化艺术活动，举办国际小型高端会议；邀请海内外学者、专家、艺术家中短期驻岛，为鼓浪屿注入人文气息，培育人文环境。

三是培育咖啡文化。喝一杯咖啡，或许就有灵感闪现，一个新的创意也许就此诞生。硅谷、Google、华为等高新技术密集之地莫不为科技人员专辟咖啡休闲区。鼓浪屿有天然的咖啡文化积淀和良好基础，完全有条件成为厦门咖啡核心区，与西堤官任路构成两大咖啡中心，成为在厦外国专家及高层次人才休闲放松产生灵感的“智慧加油站”。对吸引和留住海内外高层次人才，特别是高新技术人才，咖啡文化具有四两拨千斤之功效。

可重点打造中华路、复兴路咖啡文化一条街。中华路是鼓浪屿重要的历史街区，文化气息浓厚，著名诗人舒婷、陈仲义夫妇就居住于此。道路景观优良，建筑形态多样且经典，褚家园花园咖啡更是因其原生态花园别墅和纯正咖啡而声名鹊起，成为鼓浪屿外事接待的必至之处；猫头鹰楼因外图书店入驻而书香怡人；四落大厝是仅存的

闽南民居。中华路咖啡文化一条街的氛围气息已初步形成，但还远远不够。政府应进一步明确中华路咖啡文化一条街的定位，从政策上等多方扶持鼓励文化机构和书店、咖啡馆、茶舍等文化气息浓郁的店家入驻中华路。此外，复兴路也具有上述特征，位于此道上古堡民宿的草木诗经咖啡馆具有浓郁的诗人文艺气息，与附近福建路著名的虫洞书店相呼应，已形成良好的文化艺术氛围，可以带动周围的文化环境。

（二）发挥音乐艺术优势，点燃鼓浪屿“夜经济”

一是充分利用鼓浪屿音乐厅，引入市场模式，恢复鼓浪屿“春夏秋冬”四季国际音乐周；打造国内顶级“室内乐”音乐厅，探索机制，培育市场，让亚洲第一大风琴“卡沙翁 700”奏响华彩乐章；依托鼓浪屿音乐学校，常态化举办学生公益性演出。定期举办国际国内音乐赛事，如小柴可夫斯基钢琴比赛等；主打鼓浪屿音乐之旅，让菽庄花园钢琴博物馆、八卦楼风琴博物馆成为国内琴童的朝圣之地。

二是充分发挥鼓浪屿窗口展示作用，展示闽南文化，讲好福建故事。大力引进南音、漳州布袋木偶戏等闽南传统特色文化项目落地鼓浪屿，向世界展示闽南文化的独特魅力。

三是营造全岛音乐艺术氛围，鼓励、引导、打造音乐艺术主题民宿。做到不同民宿各有其乐，结合驻唱歌手、诗人集会、小型画展等丰富多样的文艺活动，让鼓浪屿的每个角落都弥漫着文艺气息。

四是鼓励扶持鼓浪屿音乐学校在岛发展。鼓浪屿音乐学校是鼓浪屿音乐传统的直接传承，是音乐人才培养的摇篮，是全岛音乐氛围的重要体现，是带动鼓浪屿人口素质提高的重要因素。

（三）做深做强鼓浪屿研究，建立鼓浪屿研究院

依托厦门市社科院鼓浪屿国际研究中心，以《鼓浪屿研究》为平台，持续深入开展“鼓浪屿与世界”系列研究。鼓浪屿国际研究中心成立于 2014 年 7 月，是在时任福建省委常委、宣传部部长李书磊亲自关怀下，在厦门市委宣传部的直接指导下，与厦门大学人文学院合作成立的鼓浪屿专门学术研究机构。多年来编辑出版《鼓浪屿研究》学术辑刊十多辑，发表原创性高质量鼓浪屿学术论文 200 余篇。申遗期间，联合国申遗专家苅谷勇雅亲临考察挂牌于鼓浪屿宏宁医院旧址的鼓浪屿国际研究中心，称赞说鼓浪屿研究机构设在鼓浪屿岛上，非常必要，非常适宜。鼓浪屿国际研究中心为鼓浪屿成功申遗作出了积极贡献。

鼓浪屿是中国东南沿海最具人文独特性的世界文化遗产，相对于鼓浪屿的深厚丰

富的历史文化内涵及其现实价值与未来发展，鼓浪屿研究在深度与广度上开展得还远远不够。尤其是鼓浪屿与世界的关系，其中鼓浪屿华侨及其与东南亚关系系列研究、鼓浪屿与欧美诸国关系研究、鼓浪屿与日本关系研究、鼓浪屿与台湾关系研究都亟须开展。鼓浪屿研究对中国与世界联通，讲好中国故事，特别是建立中国与东盟诸国关系，对“一带一路”倡议实施具有重要意义，对对台民间文化交流、促进祖国统一具有不可替代的作用。鼓浪屿研究的开展，非一朝一夕之事，须在市一级层面得到支持，拨付专项经费、建立专门学术团队共同完成。必要时建立鼓浪屿研究院，与故宫研究院、敦煌研究院形成南北呼应。为构建中国话语体系，向世界讲好中国故事，塑造可信、可亲、可敬的中国形象作出努力和贡献。

（四）提升社区功能，反哺鼓浪屿居民

尽管厦门市委、市政府采取了许多措施以实现鼓浪屿景区与社区的平衡，但实际上，鼓浪屿的社区属性与功能在不可逆转地弱化与衰退。首先体现在常住人口素质降低、人口数量减少、人口老龄化严重。可以预见，在未来 20 年内，鼓浪屿老年人口势必大量减少，鼓浪屿社区要么进一步空心化，要么由大量外来经商务工人口填充。鼓浪屿的人口结构将全面洗牌。原生意义上的鼓浪屿人将不复存在，鼓浪屿社区将名存实亡。因此建议出台政策，鼓励 350202 居民（鼓浪屿原居民身份证前 6 位数）返岛居住，鼓励高层次人才中短期或长期居住鼓浪屿。

就现阶段来看，在景区的压力下，鼓浪屿居民的日常生活受到影响不可避免，比如不得不面对游客的嘈杂拥挤以及由此带来的道路拥堵和不良卫生状况，物价几乎高出厦门本岛近 1/3 等。不能不说鼓浪屿居民为此付出了代价，作出了牺牲。因此应出台政策补贴鼓浪屿居民生活，至少须给予鼓浪屿户籍并实际住在岛上的居民生活补贴。鼓浪屿的社区功能还需得到进一步加强。至少应再建一家超市，服务于内厝澳社区。鼓浪屿医院医疗力量还须加强，否则稍遇重患就无能为力。处理突发事件的能力还须增强，增加全岛自动体外除颤器（AED）投放点，以保证居民与游客的生命安全。

修约外交的地方实践：以鼓浪屿公共地界土地章程修改案为例*

杨　毓　王　海**

摘要： 1918 年，英国从一战的疲敝中回归东方事务，发现日本势力正在改变鼓浪屿公共地界政治秩序，于是主张修改土地章程，遏制日本。日本迫于各国压力选择与英美协调，却又不愿一味退让。领事团及公使团在“十五元”修正案尚未达成共识的情况下便开启了与中方的协商。修改案因中英日各方均缺乏共识而一再被拖延。工部局也无法及时适用新规程应对新的紧张局面，鼓浪屿地方秩序混乱，华洋矛盾日益加深。整个博弈中，中英日各方不但未达到自身目的，反致地方局势恶化，修约外交对中方来说是一场失败的政治外交。

关键词： 修约外交　鼓浪屿　华董　地方公意

近十年来，中华民国前期政权之北洋政府开始重新为国内外所认识与评价。其形象由革命话语下的“软弱”“耻辱”逐渐转变为具备“积极”“开创性”的特点，而“修约外交”则构成其主要内容。中央政府作为外交之主体，在国际会议上诉诸公理与民意，与多国平等订立新约，在外交史上开创“可贵先例”“蓝本”“重要案例”云云。① 与此类中央层面的展开相对，本文旨在关注修约在地方层面的实践，即以地方政府与领事团为交涉主体的、自下而上的政治外交，多国外交档案对鼓浪屿公共地界土地章程修改案（以下简称“章程案”）的记载使这种讨论成为可能。

作为一战后列强势力变化以及中国民族主义高涨背景下的公共租界“政体之变革”，章程案大半进程在讨论修改鼓浪屿工部局提出的日本与华人选举人资格问题。鼓

* 本文为厦门市社会科学调研课题一般项目“近代鼓浪屿的外交档案整理与研究”、中央高校基本科研业务费项目“英日在华南的势力消长与政策调整”的阶段性成果。本文系 2022 年 3 月《关西大学中国文学会纪要》转载。

** 杨毓，厦门大学外文学院日语系硕士研究生；王海，厦门大学外文学院日语系副教授。

① 唐启华：《被“废除不平等条约”遮蔽的北洋修约史（1912-1928）》，社会科学文献出版社，2010。

浪屿作为小型租界，其政治动向可能作为先例影响大型租界的谈判及相关条约权利，因而被中日英等关系国密切关注，并有专案存档。这批史料完整地呈现了从地方现状认识，到中央决策，再返回地方的数轮交涉与事实关系。具体而言，原本被英国领事乐观判断的，仅需发起当地工部局大会即可解决的单纯议案，后却将中央与地方、英国与日本、外国公使团与中国外交部等多年沉淀的矛盾一并带出，终成历时六年仍未能生效的“悬案”。鼓浪屿工部局的权威在该案的一再拖延中丧失殆尽，地方局势动荡不安。与此相对，上海公共租界的土地章程已有若干次协议修改的案例，各项秩序也因最大限度地协调了各方利益而相对安定。在这个意义上，章程案所代表的修约外交不得不说是一种挫折。

尽管如此，章程案所代表的“修约外交的地方实践”过程揭示出三层意义。第一，土地章程预示的新型国际关系；第二，地方（当地政府/领事团）与中央（外交部/公使团）间的信息处理及行为样式；第三，中央意志与地方治理龃龉下地方的出路。据此问题意识，本文按历史进程分四部分讨论，提示从“地方”视角理解近代租界的可能性。

一　主权与“共管”

中国最大的公共租界——上海租界是《南京条约》等一系列不平等条约的产物。在上海租界，洋人居支配地位，华人无权参与租界管理。与之相对，中国的第二个“公共租界”——鼓浪屿为清政府地方官员主动提议设立。《鼓浪屿公共地界土地章程》因明确鼓浪屿归中国所有及华董的地位，可谓租界史上的一大革新。土地章程起草之初，各方代表基本同意以上海租界为蓝本，同时按情形做必要修改和省略，以协调诸多未知关系并建立相应的沟通机制。为呈现土地章程的基本内容，这里将地方与中央的协议内容简介如下。

地方级磋商由兴泉永道道台延年、英国领事曼斯菲尔德（R. M. Mansfield）作为代表展开，双方共同声明，“土地章程是外国领事和中方合作之成果，并非前者主动起草、后者被动接受的关系”。基于此立场，租界名称从上海模式的“西国租界”改为“中外公共地界”；土地章程第十一条明确“鼓浪屿虽作公地，仍系中国皇帝土地”。作为接受章程的“必要条件”，曼斯菲尔德提出鼓浪屿工部局须沿袭上海模式由洋人纳税者会独立管理警察、道路、卫生等市政。① 尽管延年主张中方应参与甚至领导租界管

① R. M. Mansfield, “International Settlement: Report on Negotiation,” TNA, FO 676-16, pp. 16-18.

理，但在“兼护厦门”，即借英美之势抵制日本问题上延年急需获得英国的支持，最终同意英方条件。地方议案遂提交北京公使团与清朝外务部批复。

令地方官员颇感意外的是，“兼护厦门”这个地方提出的首要条件却被清朝外务部否定，理由是“厦门系中国地方，本非外人所能干预，若明定约章，强令各国互相保护，转失自主之权，于议无取”[①]。考虑到未来可能对主权造成影响，“兼护厦门”未得明确但作为外交谅解（Diplomatic Understanding）为各方默认。

北京公使团主要就两项细节进行协调。对草案第二条中方提出增设一至两名华董的提案，曼斯菲尔德向英国公使萨道义（Ernest Satow）陈述见解，认为“华董一名与其说是投票人，不如说是顾问，在与道台沟通方面更加有用”；而两名华董意味着“在只有法定人数出席的情况下，董事会可能被中国政府操纵”。为保持与地方政府的联系，同时确保董事会不被中国主导，公使团采纳了英国领事的意见，只设华董一席。[②]

此外，英国在草案第四条有关“外国人身份”上与日本产生分歧。为控制选举规模，杜绝中国人主导工部局的可能性，英国主张“中国人生长他国及入他国籍而为他国人者均不得混入”。换言之，人种、血缘等自然意义上的华人都被排除在选举人之外[③]。日本对此反对，指出这将剥夺鼓浪屿上千名台湾籍居民的选举人资格，损害其法律地位，无视日本在福建的“特殊事情”。无奈公使团他国代表均支持英国，日本外务省只好指示日本领事随“大势所趋”，被迫同意第四条。[④] 就谈判时间来讲，土地章程有蓝本参照，日本的主张因受压制遂形成公使团内部合意，加之公使团与清朝外务部亦无直接矛盾，整个协商不到一年便签字生效。

土地章程的若干条款勾勒出鼓浪屿为中国所有并与列强共管的基本关系。关于前者，土地章程第十一条明确“鼓浪屿虽作公地，仍系中国皇帝土地”[⑤]，虽然此处所有权是以地租方式反映，但该项为将来修约外交的“主权说”提供了条约依据。关于后者，中方已表示参与租界管理的意愿，这使其未来能够积极解释条款，扩大华人议事权。此外，土地章程经过初步交涉呈现双方不同的行为样式。对于中方来说，土地章

① 熊秋良、李玉：《从三都澳到鼓浪屿——闽浙总督许应骙涉外政务观考论》，《福建论坛（人文社会科学版）》2014 年第 6 期。

② R. M. Mansfield, “Report on Draft Regulations and Byelaws for the Settlement of Kulangsu, Amoy,” TNA, FO 676-16, 1902, pp. 26-27.

③ 具体包括新加坡、马来西亚等英属殖民地出生的华人、台湾籍民，以及入籍美国、西班牙、荷兰等国的华人。R. M. Mansfield, “Report on Draft Regulations and Byelaws for the Settlement of Kulangsu, Amoy,” TNA, FO 676-16, pp. 29-30。本文其他地方所示“华人”均援引自史料原句，为“中国人”之意。

④ 《清國廈門鼓浪嶼外國居留地關係雜纂》，日本外务省外交史料馆所藏，B12082558200，1901，pp. 18-19，29。

⑤ 《鼓浪屿公共地界章程》，中研院近代史研究所档案馆藏，馆藏号 031604705002，1902。

程高度反映中央的主权意识，似乎不关心地方局势发展。从清朝外务部删去地方官员的重点意见并形成决议看来，外务部在中方外交中占据绝对地位，地方权力极为有限。列强方面，公使团赋予领事团较大的自治权，基本尊重当地领事团意见并为之协调外交关系。

至于未来修约的情形，土地章程第十六条规定“须由领事团及中国地方官订议妥协，呈由北京外交团及中国最高政府批准”。该条沿袭上海，规定修约以地方为主体、中央再批复的形式。但在实际交涉中，中央与地方的龃龉、英日矛盾，以及华人议事权问题等一并交织，使修约在鼓浪屿困难重重。

二　“十五元”修正案

第一次世界大战让欧洲各国脱不开身，日本加速了在华的发展，各通商口岸及租界的日侨随之激增。仅就上海、鼓浪屿的公共租界来说，日侨的数量均远超英美侨民，成为洋人中的第一大势力。不过，与“在华纺”等进驻上海的日本本土大资本相比，进入鼓浪屿的多是有台湾背景的日本小商户等个体业者。[①] 这一点在工部局大会的选举人结构上也有所反映：欧美选举人几乎全为土地所有者，即大型组织团体（公司、教会、协会等）；与之相反，日本选举人几乎全为个体租户。对于后者日益增长的趋势，1918 年 10 月英国驻厦门领事宝尔慈（B. G. Tours）呈报公使朱尔典（J. N. Jordan），指出工部局面临的政治危机：按照现行选举制度，每名符合资格的土地所有者与租户都只计一张选票；日本选举人往往听命于日本领事统一步调；日益增长的日本势力涉嫌操纵工部局大会，搁置否决对自身不利的议案。[②] 因此，应当实施选举制度改革，遏制日本小商户的投票权。

具体解决方案有两项：其一，允许教会、协会等土地所有者拥有多张选票，实现英美选票数增加。对此，工部局总董（即主席）劳达尔（E. G. Lowder）认为，此项权限在规则制定方的北京公使团，改变选举涉及政体根本，难度过大。其二，提高租户的选举人资格，尽量减少日本小商户的选票。该项被认为是最简单直接的办法，因为

① 据 1919 年鼓浪屿工部局的选举人统计，英美日选举人中土地所有者和租户的人数分别为：17/8，9/8，1/13。Statement of Foreign Landholdings，Rates and Taxes for Kulangsu，《厦門に於ける共同居留地規則改正の件》，日本外务省外交史料馆，B12082524800，1919，p. 346。

② 宝尔慈的认识有部分来自工部局总董、厦门海关税务司劳达尔（E. G. Lowder）。后者在日商川北电话公司独占经营等议案中积极引入英商威麟洋行参与竞争，被日本视为“每每欲排除日本势力，调拨领事间不和，阻碍公共租界日本人经营”之人。劳达尔指出，为“更公平地分配和防止欺诈”，现行计票制度应该被重新考虑。B. G. Tours，“Municipal Voting in Kulangsu：Suggests Revision of Qualification，” TNA，FO 228-3470，1918，pp. 24-26。

日本的选票欺诈行为仅在鼓浪屿出现，其他租界并无此类问题，只要在本地工部局大会上形成大多数意见，即便日本领事反对，其他国家也能压制日本在鼓浪屿形成决议并实施制度改革。朱尔典基本同意宝尔慈的意见，不过他强调交涉主体必须是当地洋人纳税者会，且修改需按照条约程序进行，言下之意是修约要经中国政府承认，由此“修约外交”正式展开。

1919 年 3 月，洋人纳税者会以鼓浪屿“成立迄今”“户口增多”“商业颇有进步”等由向领事团提出“增修章程”“改良政体”的决议请求。在 4 月召开的领事团会议上，英美领事等提议将选举人资格从纳税“五元”提至“二十元”，并得到法国、比利时等国领事的附和。如前所述，该议案针对日本，遭到市川领事的强烈反对，市川指出“此举将减少日本一半或三分之一的选举人名额”。不过考虑到“领事团若无一致意见便无法提交公使团承认，一味反对恐遭英美反感”，市川提出“十五元”为“让步保留事项”交由北京公使团裁决，案件就此移交公使团。

基于当地领事团与厦门交涉员达成的修改案意向，公使团需与日本形成内部合意方可形成决议。在此背景下，日本的“十五元”保留事项协商得以重启。1920 年 4 月，日本公使小幡酉吉照会领袖公使柏卜，同样以选举人名额骤减一半为由，要求公使团接受“十五元”的条件。该提案起初得到了美国汉务参赞丁家立（C. D. Tenney）的支持，舆论开始倾向于日本。此时，鼓浪屿工部局在英美主导下对选举人状况进行了调查，结果显示，纳税“二十元”的原案与“十五元”的修正案相比，日本选举人名额仅相差两名。也就是说，“二十元”的原案并未对日本造成重大影响，日本的选举人名额折半之说是无中生有、博取同情。戏剧性的场面让小幡公使在公使团的立场颇为尴尬，此时即便小幡继续坚持“十五元”修正案的基本立场，英美也不再为其所动，公使团也无法达成合意。外交受挫的小幡在 7 月训令厦门领事藤田荣介，指出议题贸然移交公使团于日本外交不利，强调“本规则改正需各国领事全部同意，所以该案解决之途不仅在于贵官（藤田），更需寻求问题在地方上解决。若非特别情况，不得将地方事情移交并不知情的外交团（公使团）”①。公使团协商遇阻后，议题再次被返回当地领事团。与此同时，对中方交涉形势突变，公使团只好将“十五元”修正案作为保留事项，于 7 月向中国外交部发出改订章程照会。②

① 小幡酉吉致藤田荣介《鼓浪嶼共同租界規則改正案ニ関スル件》，日本外务省外交史料馆，B12082525900，1920. 7. 22，p. 549。

② 《厦門に於ける共同居留地規則改正の件》，日本外务省外交史料馆，B12082524800，1919，p. 315。

三　华人议事权三项

领事团内部对日协商与对中方地方级协商在时间上几乎平行，本部分主要围绕后者梳理事实关系。依照土地章程第十六条，领事团在 1919 年 7 月与日本初步协调后开始着手与中方协商。为降低交涉难度，修正案在起草时已有意识地避开条约权利，着力解决人口增长背景下的租界管理问题。比如，英国公使方面以“上海会审公堂存在纠纷”为由要求草案删除试图强化会审公堂权力的内容。[①] 在领事团看来，此时的土地章程草案似乎只与日本利益有关，与中方仅需履行条约步骤而已。在此背景下，1919 年 10 月领袖领事高思（Gauss）将章程修正案交付厦门交涉员胡惟贤，开启领事团与地方官员的协商。

接到照会后，胡惟贤即依照福建省议会制度，“会商厦门道尹，并将增修章程各件刷印多份分致绅商学各界征求意见”[②]。适逢一战后美国总统威尔逊民族自决倡议深入人心，华人要求参与租界管理的呼声日益高涨。加之 1919 年鼓浪屿华商因抵制铺捐与工部局对立，1919 年 6 月更有鼓浪屿公民团体散发“工部局违约苛捐之八大罪”，控诉对待华人的种种不公。接胡惟贤的通知后，“绅商学界”代表即共同提出多项修改建议，要求平等订立新约。其中，“工部局董事从六名增加至九名，其中华董四名；缩小会审公堂中的外国陪审权限；赋予交涉员与外国领事同等地位”，即扩大华人议事权三项被采纳为中方提案的主要内容，于 1919 年 11 月返至领事团，“修约外交”开始在地方上展开。

1919 年 12 月，领事团与交涉员进行第二轮协商。起初，领事团接受部分修改意见，但对上述扩大华人议事权三项均表示拒绝，认为过激措施将损害列强的条约权利。对此，胡惟贤采纳英籍华人林文庆等人的意见提出再修正案，即“工部局董事中须有三名华董；工部局大会允许一定人数的中国纳税者出席”。对于前者，领事团为确保不影响工部局运营及条约权利，表示仅能接受两名华董的提案。对于后者，日本领事藤田呈报公使内田康哉，指出英美欲限制日本发展而削减其选举人名额，此时华人选举人如果增设且与英美联合对抗日本，局势将非常不利，因此表示反对；英国领事宝尔慈同样担心作为黄种人的中国与日本会联手将其赶出鼓浪屿，同样抵制华人选举人名额。不过领事团表示，愿意将该议题保留并提至北京公使团协商。1920 年 1 月，胡惟

---

① “Sidney Barton to B. G. Tours,” TNA, FO 228-3470, 1919. 5. 20, p. 41.

② 《公共地界章程旧章草议厦门官绅学商修改送交领事团尚未核定》，中研院近代史研究所档案馆藏，馆藏号 031604705004，1919. 11. 18。

贤与领事团基本达成一致，请示外交部“应否先签再行报部”。

此后中国外交部的训令让形势再生变数。外交部令胡惟贤暂缓签字，称，“地方公意不可一概抹杀”，“鼓浪屿现住华人日多，关于华人利害关系至重，既经征求各界同意提议，趁此修订章程时机藉以收回同等之利益，力争以期不失主权”，“应继续婉商使其就范”。[①] 可见，外交部并不仅仅将其视为地方性案件，而欲借“地方公意”行修约外交，以伸张国家主权。得令后，胡惟贤只好拒绝与领事团签字，协商陷入停滞。尽管领事团仍希望在地方层面解决问题，但因“职此之故”即谈判双方需平级对话，该案升级为公使团与中国外交部之间的交涉。1920 年初中国外交部暂缓签署，加之上节所述公使团围绕日本提出的“十五元”修正案无法达成一致，土地章程修改案两面受阻，陷入泥潭。

四　交涉员与地方出路

不仅领事团有修改土地章程的需求，中国外交部为实现 1919 年巴黎和会上提出的“归还租界”的国家目标，修改章程似乎也是必经之路。[②] “绅商学界”所代表的“地方公意”作为修约外交的依据与条件，被中国外交部多次援引。

1921 年 1 月英国领事宝尔慈致函英国公使艾斯顿（Beilby Alston），指出“绅商学界”的意见“已远超鼓浪屿市政事务”，“领事团无需就此再进行地方交涉”，“其主张毫无根据”，可见其并不认可“地方公意”。基于此，领袖公使白斯德（Luis Pastor）在 2 月照会中国政府外交总长颜惠庆，否认绅商学界意见的存在。3 月，颜惠庆反问，称“该地绅商学各界以近来华人迁居于该界者日众，深愿得一极公允之章程故提出修改意见”，“何以声称并无此事”?[③] 对此，白斯德解释称确有地方公意一说，不过地方在 1920 年 3 月已达成协议，并无遗留问题。可见，领事团只认可交涉员作为章程中的谈判方，不承认“地方各界代表之机关所提议”。此间，白斯德三次敦促中国外交部尽快签字，“勿再拖延”，孰料白斯德身染重病，无人履责，交涉又停滞大半年。9 月，继任领袖公使符礼德（M. Batalha de Freitas）重启谈判。10 月，中国外交部照会符礼德，表示“绅商学界舆论所在似难漠视”，“可与第四条同时解决”。言下之意，“地方

① 《章程事呈复办理情形请鉴核》，中研院近代史研究所档案馆藏，馆藏号 031604702012，1920. 2. 14。

② “在实行归还以前，中国政府愿租界内治理之章程，稍加修改，俾中国居民，可得平允之待遇，亦可为最后归还之准备。”《巴黎和会中国代表提案之一》，载蒯世勋等编著《上海公共租界史稿》，上海人民出版社，1980，第 235 页。

③ 《修改租界章程及工部局章程》，中研院近代史研究所档案馆藏，馆藏号 031604702018，1921. 3. 4。

公意”可作为日本“十五元”修正案的交换条件。为尽早解决此案，符礼德甚至建议宝尔慈让步，接受中方的条件。

为明确中央级协商阶段的核心矛盾，有必要对“地方公意”提及的华人议事权三项，即华董、华人选举人及交涉员分别讨论。对于华董席位问题，如第二部分所述，地方在1919年初已就“两名华董”达成一致，虽然与原案的三名仍有距离，但出入并不算大。关于增设工部局华人选举人问题，考虑到同时期上海公共租界工部局正就该问题与中方展开博弈，为避免鼓浪屿的交涉构成某种先例影响上海的局势，英国对鼓浪屿持观望态度。从结果上说，上海领事团在1927年前后原则上承认了华人在上海公共租界工部局的代表权，这说明华人选举人并非不可逾越的障碍。事实上，中国外交部最为主张而公使团极力反对的，正是交涉员在工部局的地位问题。关于这一点，从《工部局章程》（以下简称“律例”）第四十七条的修改交涉中可以得知。

作为土地章程修改案长期化的又一要素，这里需插叙律例修改的背景与交涉经过。1919年，为应对南北战争背景下大量流入鼓浪屿公共租界的华人，鼓浪屿工部局试图修改律例以强化租界管理。[①] 与土地章程案发起程序相似，新律例由领事团起草后交付交涉员，后者在吸收绅商学界意见的基础上返回修正案。由于新律例仅关系鼓浪屿市政运营，未涉及华人议事权等条约权利，因此地方在较短时间内便协商一致，在1920年7月与土地章程修改案同步交付中国外交部批复。中国外交部接报，指出新律例若干文字模糊，意义需要明确。此后双方经过多轮照会确认文本细节，耗时大半年。到1921年3月，中国外交部已基本同意“均系地方情形而定”，可先于土地章程批复。

接下来发生的事情使律例修改遭遇同样挫折。1921年5月交涉员唐柯三报外交部，称自己在律例第四十七条即“增修章程的核准方”中加入“交涉员”三字。其理由为“鼓浪屿与其他租界情形不同，已声明中国主权”；律例“若仅由各领事核准，置我国官厅于不顾，不惟大欠公允，抑且有损主权”。[②] 外交部积极评价该建议，认为“交涉员三字系为保卫主权起见，极为允当”；“鼓浪屿虽作公地仍系中国所有，又第二、第四条中国官员均得有派人察预常年公会，或为该局办事员之权矣。该局订立规章权限

① 律例修改案在“失修房屋”“追缴工费”“危险货物”“赌场娼寮”“鸦片烟馆”“不准嚷闹”“营葬”等多项做了修改细化，说明当地社会已出现相关乱象，须依规整治。《增修鼓浪屿工部局章程》，中研院近代史研究所档案馆藏，馆藏号031604705001，1919. 10。

② 《修正章程领事团反对加入交涉员字样》，中研院近代史研究所档案馆藏，馆藏号031604703005，1921. 5. 11。

岂能尽付外人仰止，应向领团据理力争以期达到目的”①。原本地方公意中并未提出的“交涉员”，对于外交部却有着特殊的意义：与华董、华人选举人相比，受命于外交部的交涉员更能切实执行中央政府维护主权的意志与指令。然而在力求租界“自治”的英国领事看来，允许交涉员的合法地位将导致官方背景人士或政治势力介入，严重影响租界的独立运作，因而拒不退让。草案酝酿至今已逾三年，新土地章程与律例在“交涉员”这一核心问题上始终无法达成共识。

新土地章程及律例无法实施，导致诸多市场行为得不到规范，鼓浪屿社会秩序日趋混乱，华人与工部局的关系也不断恶化。据领袖领事卡莱顿（A. E. Carleton）回忆，1922年1月为平衡财政收支，工部局大会决定设立“商店执照税”（Shop License Fee）。卡莱顿称此事原本已得到部分华商理解，但自4月起“鼓浪屿公民会”（Kulangsu People Society）煽动华商造谣生事，抵制工部局总董史密斯（F. R. Smith），迫使其在10月辞职。从三年前媒体报道工部局“八大罪”以来，工部局在税收问题上每每被华人抵制，其公信力以1922年的“商店执照税”为导火索而陷入谷底，工部局董事普遍表示悲观。②

如此现状促使地方政策发生微妙变化。1922年11月的工部局特别会议上，总董艾略特（Elliott）认为，租界政治局势让人无法忍受，会审公堂依法办案极为困难，工部局权威已不复存在。于是艾略特提议将鼓浪屿归还给中国政府，以后者为主体继续履行条约，同时换取新章程的批复。该提案虽得到大部分工部局董事支持，但遭到英国公使秘书台克满（E. Teichman）的批评，称其“糟糕透顶”，认为政治外交的软弱不仅不能重建地方秩序，还会损害上海乃至整个英国的利益；此外，闽南战争中逃往鼓浪屿寻求保护的难民、富商等也极力反对归还。最终美国人、工部局董事里特尔（Little）的议案得到大会一致通过，即效仿上海设立“华人顾问委员会”（Chinese Advisory Committee）。为“防止华人积极或消极的抵抗”“促进互相理解与和谐”，五名常居鼓浪屿的、无中国官方背景的华人纳税者被领事团投票选入；他们对有关华人的工部局事务提出建议，并代表华人参与租界管理。③ 该案作为缓和当下华洋矛盾的有力方案被双方接受，1922年以士绅黄廷元为代表的“华人顾问委员会”成立。

不论是上述“归还案”还是“委员会案”，工部局均确信新的土地章程与律例是

---

① 《工部局章程应改条文仍可向领事团据理力争》，中研院近代史研究所档案馆藏，馆藏号031604703006，1921.5.14。

② “Carleton to Freitas,” TNA, FO 228-3470, 1922.12.15, pp.308-311.

③ “Kulangsu International Settlement: Surrender of, to Chinese Control Formally Discussed by Ratepayers,” TNA, FO 228-3470, 1922.11.4, pp.289-292.

重建工部局权威、恢复地方秩序的根本手段。领事团也指责公使团在修改案问题上没有给予有力的支持，以致公使团在1923年起“每星期必来函催促”中国外交部，称“事态恶化”“刻不容缓”“巨大危机”，急切地敦促后者“体察地方情形”。然而中国外交部始终坚持主权至上，要求公使团先行同意律例第四十七条中的交涉员地位。对此，英国领事伊斯特斯（A. E. Eastes）致函英国公使马克莱（R. Macleay）重申立场，“鼓浪屿主要代表英国人利益”，“加入‘交涉员’意味着承认其否决权”，“其他租界也是英国人受影响最大”。公使团不得不回应称，交涉员“有违租界自治精神”，协商再次无果而终。

结　语

土地章程修正案仍在继续展开。1924年，福建省实施行政区划改革，鼓浪屿士绅林寄凡效仿洋人纳税者会设立“华人纳税者会”，代替兴泉永道推荐华董。1925年，黄廷元等设立“华民公会”，取代华人纳税者会选充董事的权力。1926年，华民公会召开董事会，再次提出修改土地章程，改组工部局董事会。1927年，工部局迫于高涨的反英形势接受修改意见，工部局华董由一人增加到三人，洋董由原来的六名减少至四名。至少从管理层面上华人获得了平等地位。台湾籍居民也借机要求董事席位，不过并未得到允许。上述经过虽构成整个案件，不过该阶段与本文“修约外交”的主题偏离，1923年之后的章程修改与其说是基于条约解释的外交博弈，不如说是“五卅惨案”后的反帝舆论即“外力”驱使的成果。本文也因此不再详述。

不论是过程还是结果，这场“修约外交”都不能算成功。英国一直认为确保其利益的根本方法是租界的自治，更确切地说，是英国主导的租界自治。从一战的疲敝中回归东方事务时，英国发现日益增长的日本势力正在改变当地政治秩序，于是主张提高选举人资格，削减日本选举人名额。日本迫于各国压力选择与英美协调，却又不愿一味退让。领事团及公使团在“十五元”修正案尚未达成共识的情况下便开启了与中方的协商。

围绕华人选举人、交涉员、华董，即华人议事权三项，中外双方展开外交博弈。该三项原为绅商学界作为“地方公意”提出，后被吸收为中方修约外交的依据。其中，华人选举人因涉及上海租界被搁置；在交涉员问题上，领事团为维持租界自治，竭力排除中国政府在租界行使主权。中方则认为交涉员是实现主权的必要条件，双方皆不退让。修改案因中英日各方均缺乏共识而一再被拖延。工部局也无法及时适用新规程应对新的紧张局面，鼓浪屿地方秩序混乱，华洋矛盾日益加深。在整个博弈中，中英日各方不但未达到自身目的，反致地方局势恶化，修约外交对中方来说，只能是一场失败的政治外交。

作为化解危机、重建秩序的方式，华人团体被各方给予期望。在领事团看来，鼓浪屿华人因在当地拥有房产对租界社区有热爱，可以独立于工部局选充华董、管理华人事务，进而缓解华洋矛盾。当选华人被要求没有中国官方政治背景，也可最大限度地隔离与中国政府的联系。对于中方来说，尽管未能承认交涉员在工部局的地位，但增加华董、华人参与租界管理等成果本身就可视为巴黎和会后主权之进步。在“主权”与“自治”的夹缝中，华人团体推动鼓浪屿地方秩序艰难前行。

Gulangyu's Emergence as a Center of Sino-Foreign Linguistic Interaction—A Long-Term Macro-Regional Perspective

Sebestyén Hompot（洪思明）*

Abstract: Between the mid-19th and mid-20th centuries the Gulangyu island of Xiamen played a significant role in the linguistic interaction process between Hokkien Chinese (also known as Minnanhua 闽南话 or Southern Min) and various foreign languages, most notably English. During the 1850s a Romanization method of Hokkien (known as Peh-oe-ji 白话字) developed among Gulangyu-based American and British Protestant missionaries which later became widely used throughout the South China Sea region. The present article investigates the historical processes which led to Gulangyu's emergence as a center of Hokkien-Foreign linguistic interaction. The article argues that Southern Fujian's long-term history as a source of Chinese emigration to Southeast Asia played a decisive role in the early history of the Hokkien-Foreign interaction. The forced opening of Xiamen as a "treaty port" after the Treaty of Nanjing (1842) created an opportunity for many missionaries so far working among Hokkien-speaking overseas Chinese populations in Southeast Asia to continue their work in Southern Fujian. Similarly to a large number of other foreigners, they chose Gulangyu as their main residence due to its proximity to the Xiamen main island and its preferable living conditions compared to it.

Keywords: Gulangyu, Xiamen, Hokkien Chinese, Romanization, Peh-oe-ji

---

* 洪思明，奥地利维也纳大学攻读汉学博士生。在厦门大学获得语言学硕士学位，在比利时根特大学和奥地利维也纳大学获得全球研究硕士学位。

1 Southern Fujian as China's "Maritime Frontier" in Pre-modern Times

While traditional scholarship mostly focused on pre-modern China's continental frontiers as spaces of linguistic and cultural interaction, in recent decades an increasing amount of attention has been paid to pre-modern China's "maritime frontiers" in this regard. ① As a coastal area of Southeast China, the Southern Fujian (Minnan 闽南) region has long played an especially important role in China's relations with the maritime world. During the Song and Yuan eras, the port city of Quanzhou emerged as one of the largest and ethnically, culturally most diverse port cities of China. At that period, Quanzhou was home to a large number of foreign merchants, mostly of Middle Eastern origins. Quanzhou's foreign quarters were home to Muslim, Manichaean, Nestorian Christian, and Hindu religious communities as textual and archaeological evidence shows. ② The Yuan dynasty of Mongol ethnic origin patronized merchants of ethnic minority and foreign origins, with some of the city's most influential merchants being of Middle Eastern/Hui descent. Following the fall of the Yuan dynasty, many of Quanzhou's foreign residents left the city and its role as the leading port of Southern Fujian's leading port started to decline. ③

2 Early Spanish Colonialism in the Philippines and the Emergence of the Hokkien-Spanish Linguistic Interaction

The Ming era saw the rise of Zhangzhou and especially its Moon Harbor (Yuegang, 月港) as a major port of ceramics export, as well as the principal source of emigration towards Southeast Asia. The Ming era was also the period of increasing European colonial expansion towards Southeast Asia. The largest territorial gains were accomplished by the Spanish Empire

① See e. g. Hugh R. Clark, "Frontier Discourse and China's Maritime Frontier: China's Frontiers and the Encounter with the Sea through Early Imperial History," *Journal of World History*, Vol. 20, No. 1 (2009): 1-33.

② Angela Schottenhammer (ed.), *The Emporium of the World: Maritime Quanzhou, 1000-1400* (Brill, 2000), https://brill.com/view/title/6983.

③ John W. Chaffee, "Muslim Merchants and Quanzhou in the Late Yuan-Early Ming: Conjectures on the Ending of the Medieval Muslim Trade Diaspora," in Angela Schottenhammer (ed.), *The East Asian "Mediterranean": Maritime Crossroads of Commerce, Culture and Human Migration* (Wiesbaden: Harrassowitz Verlag, 2008), 115-132.

which brought most of the Philippines under its control by the late 16th century. Similarly to Spanish colonialism in other parts of the world, apart from military conquest and economic control the colonial authorities supported Catholic missionary activity among the locals and facilitated the arrival of a large number of missionaries. These missionaries had a strong motivation in learning and recording the local spoken languages of the indigenous population, as this was crucial to the success of their endeavor. The Philippines were by the time home to a large number of overseas Chinese residents, most of whom migrated from Zhangzhou and spoke the Zhangzhou dialect of Hokkien Chinese. It was in this context that the earliest Hokkien grammars and textbooks were compiled. ①

The *Arte de la lengua Chio Chiu* [Grammar of the language of Zhangzhou] (1620), authored by Manila-based Spanish Dominican missionary Melchior Mançano is today considered the earliest extant manuscript of a Hokkien linguistic work. It includes about 60 pages of Hokkien words and phrases and their Spanish translations, as well as explanations of Hokkien grammar. The Hokkien words and phrases are recorded both in Spanish-based Romanization and with Chinese characters. In the introduction of the *Arte*, Mançano gives the following reasons for choosing the Zhangzhou dialect of Hokkien as the basis of his work:

> The common language of the Kingdom of China is the Mandarin language, which is current in all parts of the kingdom, also in Quanzhou where there is a particular language. All those who can read and write understand the Mandarin language. In the province of Zhangzhou there is a particular language which is discussed here, but it has to be noted that in this province there are five languages which are so different from each other like Portuguese, Valencian, Aragonese, Castilian, etc. The most common is the one of Zhangzhou, and also the one which is the most widely spoken here, for which reason the grammar and dictionary will be in this language...②

---

① Henning Klöter, *The Language of the Sangleys: A Chinese Vernacular in Missionary Sources of the Seventeenth Century*, Annotated edition (Leiden; Boston: Brill Academic Pub, 2010).

② "La lengua comun del Reino de China es la lengua mandarina, [que] corre por todo el reino, y en la Chincheu do ay particular lengua. Todos los que [saben] letra entienden la lengua mandarina. En la provincia Chio Chiu ay particular lengua que es la que aqui se abla, pero [ay que] advertir que en esta provincia ay cinco lenguas algo diferentes como lo son portuguesa, valenciana, aragonesa, castellana, ett (a). La mas comun es la de Chio Chiu, y la que mas aqui se abla, por lo qual el arte y bocabulario iran en esta lengua..." Own translation based on scanned first page of the manuscript, see digitized version of the University of Barcelona manuscript at https://bipadi.ub.edu/digital/collection/manuscrits/id/29744 (access on 2021-07-22).

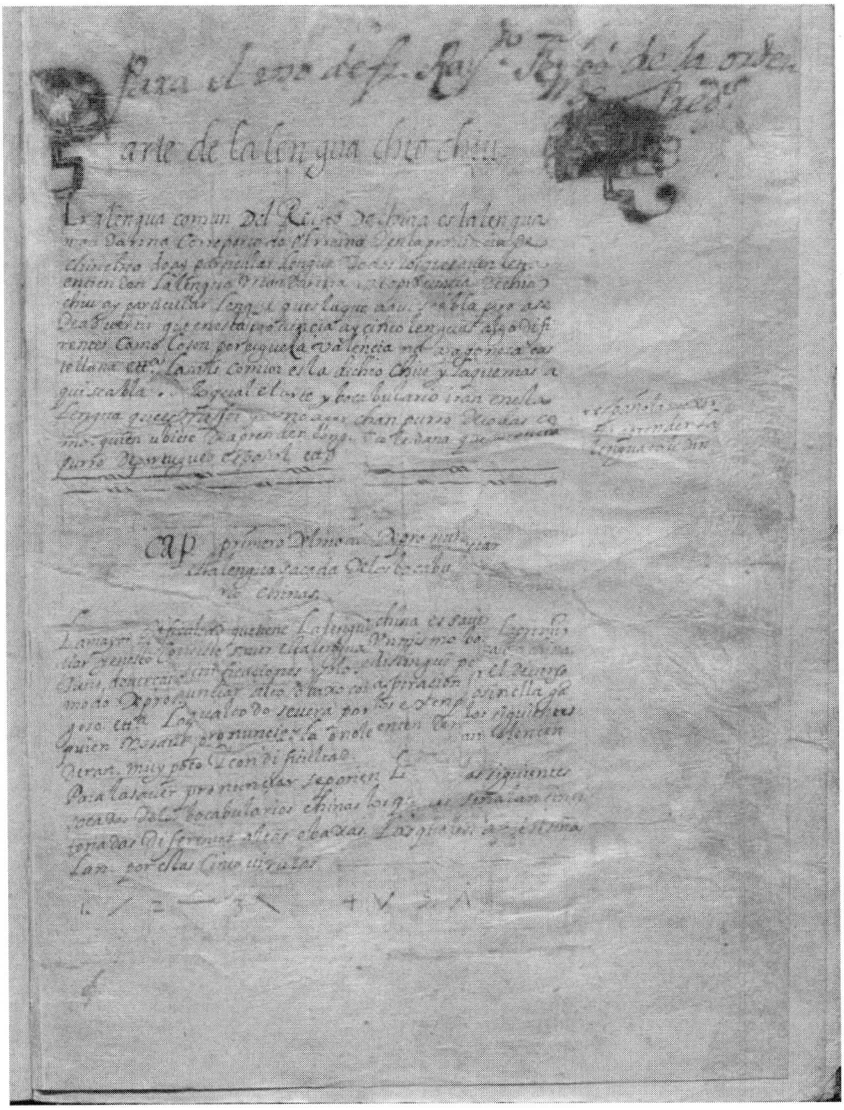

Picture 1 First page of the Arte de la lengua Chio Chiu (1620). Source: University of Barcelona Biblioteca Patrimonial Digital (https://bipadi.ub.edu/digital/collection/manuscrits/id/29646, public access, accessed on 2021-09-15).

Mançano's work is the most extensive linguistic work of Hokkien from the early period, but was not the only one written by Spanish missionaries. Several other Hokkien textbooks and dictionaries were compiled by Spanish missionaries in the period, although most of them only survive in later copies today (and were likely to be modified to some extent). Other similar works included *Arte y vocabulario de la lengua china* [Grammar and dictionary of the Chinese language] (about 1575, by Martin de Rada, no extant original manuscript); *Dictionarium Sino-Hispanicum* [Sino-Spanish Dictionary] (copy dated to 1595, by Pedro Chirino, no extant manuscript); *Bocabulario de la lengua sangleya por las letraz de el A. B. C.* [Dictionary of the Sangley language according to the letters of the ABC] (1617, anonymous, no extant manuscript); and some others. ①

3 Xiamen's Rise As the Principal Port of Southern Fujian in the Early Qing Period

The Spanish colonization of the Philippines took place at the same time with the Spanish Empire's expansion into the American continent. The opening of the trans-pacific route between the Philippines and the Spanish colonies in the Americas led to the emergence of the so-called "Manila galleon trade" (galleon referring to a type of ship commonly used by the Spanish navy). In economic terms, the most important consequence of this trade relation was the flow of large amounts of Mexican silver via Manila into China, in exchange for Chinese trade goods. ②

The Ming court's official trade policy, regulated by the so-called "tribute-trade system" (chaogong-maoyi tixi 朝贡贸易体系) went through several major changes throughout its nearly 300 years long rule. At times, legal trade outside of the officially sanctioned tributary missions was strictly limited, leading to the flourishment of smuggling and piracy across the Chinese coasts. Meanwhile, the late period of Ming rule, from the 1570s until 1644, was characterized by a significant relaxation of restrictions and hence more space for legal channels of commercial exchange. ③

The rise of the Zheng clan, of which Zheng Chenggong (a. k. a. Koxinga, 1624–1662) was the most prominent member, was closely related to these contexts. The Zheng clan built its fortune during the late Ming era from the burgeoning silver trade connecting Manila, Southern

① 金美:《〈汉语语法:漳州话语言艺术〉的音系与语法——兼与近现代西班牙传教士闽方言汉语教材比较》,《南方语言学》2020 年第 16 期,第 153~168 页; see also Piet Van der Loon, *The Manila Incunabula and Early Hokkien Studies* (Percy Lund, 1966).

② Andre Gunder Frank, *ReORIENT*: *Global Economy in the Asian Age* (Berkeley: University of California Press, 1998).

③ Gakusho Nakajima, "The Structure and Transformation of the Ming Tribute Trade System," in *Global History and New Polycentric Approaches*: *Europe, Asia and the Americas in a World Network System*, ed. Manuel Perez Garcia and Lucio De Sousa, Palgrave Studies in Comparative Global History (Singapore: Springer Singapore, 2018), 137–62, https://doi.org/10.1007/978-981-10-4053-5_7.

Fujian, the Ryukyu Islands, and Japan. Following the military takeover of China, in its bid to exercise control over the coastal areas, the Qing dynasty reinstituted the early to middle Ming practice of "maritime ban" (haijin 海禁), i. e. issued strict restrictions on private trade across the Chinese coast. Zheng Chenggong, who became the leader of a Ming loyalist uprising against the Qing, chose the Xiamen island as the basis of his operations, in order to escape Qing control in the well-established ports of Quanzhou and Zhangzhou. During the years of Zheng Chenggong's rule in Xiamen (1644–1661), foreign merchants intending to escape Qing restrictions on maritime trade frequented the city's port, initiating its emergence as the principal port of Southern Fujian. ①

The Early Qing "maritime ban" was lifted after the pacification of Taiwan in 1683 which terminated the Zheng clan's rule on both sides of the Taiwan Strait. Xiamen nevertheless continued to develop into the principal port of Southern Fujian, which apart from its foreign connections was also related to ecological factors, namely the suitability of its deep harbor and the increasing silting-up of the Quanzhou and Zhangzhou ports. ②

4 English-Hokkien Linguistic Interaction in Southeast Asia during the 19th Century and its Relation to Xiamen

Similarly to their Hokkien-Spanish counterparts, the first English-Hokkien dictionaries were compiled outside of China, by missionaries willing to spread Christianity among Hokkien-speaking overseas Chinese residents of Southeast Asia's Western colonies. Influenced by Robert Morrison's English-Mandarin dictionary *A Dictionary of the Chinese Language* (1815–1823), the British Protestant missionary Walter Henry Medhurst published *A Dictionary of the Hok-këèn Dialect* in 1832 based on his missionary work in Malacca. In the foreword of his work, Medhurst emphasizes the necessity of a Hokkien dictionary in the following way:

> The author, having never visited China, has had little opportunity of conversing with the higher ranks of the Chinese, but from a constant intercourse with the middling

① James Alexander Cook, *Bridges to Modernity: Xiamen, Overseas Chinese and Southeast Coastal Modernization, 1843–1937* (San Diego, University of California, 1998).

② James Alexander Cook, *Bridges to Modernity: Xiamen, Overseas Chinese and Southeast Coastal Modernization, 1843–1937* (San Diego, University of California, 1998).

and lower classes who emigrate to the Eastern Islands, his uniform experience for the last fourteen years has been, that not one man in five hundred knows any thing of the Mandarin tongue, or can carry on a conversation of more than ten words in it. In Hok-këèn [Fujian][①], a doctor, a fortune-teller, a stage-player, or a police officer may sometimes be met with, who having travelled into other provinces, or been employed about Government offices, will perhaps be able to converse a little in the Court dialect; but, in most cases, the people are totally unacquainted with it, and never think of studying it till, having succeeded at the literary examinations, and got a prospect of preferment or employment, they go to a regular school for the study of the Mandarin, and acquire it almost as they would a new language.

…

The person, who contemplates learning the Chinese language, without much prospect of verbal intercourse with the people, or who will be generally conversant with the higher classes and Government officers, throughout all the Provinces, would certainly do well to study the Mandarin dialect; but he whose intercourse will probably be confined to one district, and who will have to do with the great mass of the people residing in it, would do better to study the vulgar dialect of that particular place.

The author, on commencing the study of Chinese, attended solely to the Mandarin, but, finding that it was not understood by the mass of emigrants in the Malayan archipelago, he turned his attention, in the year 1818, to the Hok-këèn [Hokkien] dialect. In 1820, a small Vocabulary was drawn up, and a few sheets of it printed at Malacca; in 1823, this work was enlarged, and sent to Singapore, to be printed under the patronage of the Singapore Institution, the Committee of which offered to publish it at their own expence.[②]

As indicated by Medhurst, his work was also based on the Zhangzhou ("Chëang chew") dialect:

---

① Texts within square brackets inside quotes are comments added by the author of this journal article.

② Walter Henry Medhurst, *A Dictionary of the Hok-Këèn Dialect of the Chinese Language, According to the Reading and Colloquial Idioms: Containing about* 12, 000 *Characters. Accompanied by a Short Historical and Statistical Account of Hok-Këèn* (Macao, Printed at the Honorable East India company's press, by G. J. Steyn and brother, 1832), Ⅴ-Ⅵ, http://archive.org/details/dictionaryofhokk00medhrich.

Hok-këèn [Fujian] contains ten counties, of which only one, viz. 漳州 Chëang chew, near the port of Emöey [Amoy/Xiamen], is the identical spot where the dialect illustrated in this Dictionary is spoken in its purity; in the adjoining county to the east, viz. 泉州 Chwân chew, the dialect differs very little; and in the neighbouring county on the opposite side, viz. 潮州 Tëâou chew, in the province of Canton, the dialect differs a little more, but still the inhabitants of each district are mutually intelligible to each other. Of the dialects of the northern counties, of 汀州 T'heng chew and 延平 Yëên pêng, and, as well as of the north-eastern counties of 兴化 Hin hwà, and 福州 Hok chew, the author is unable to speak with any degree of decision.

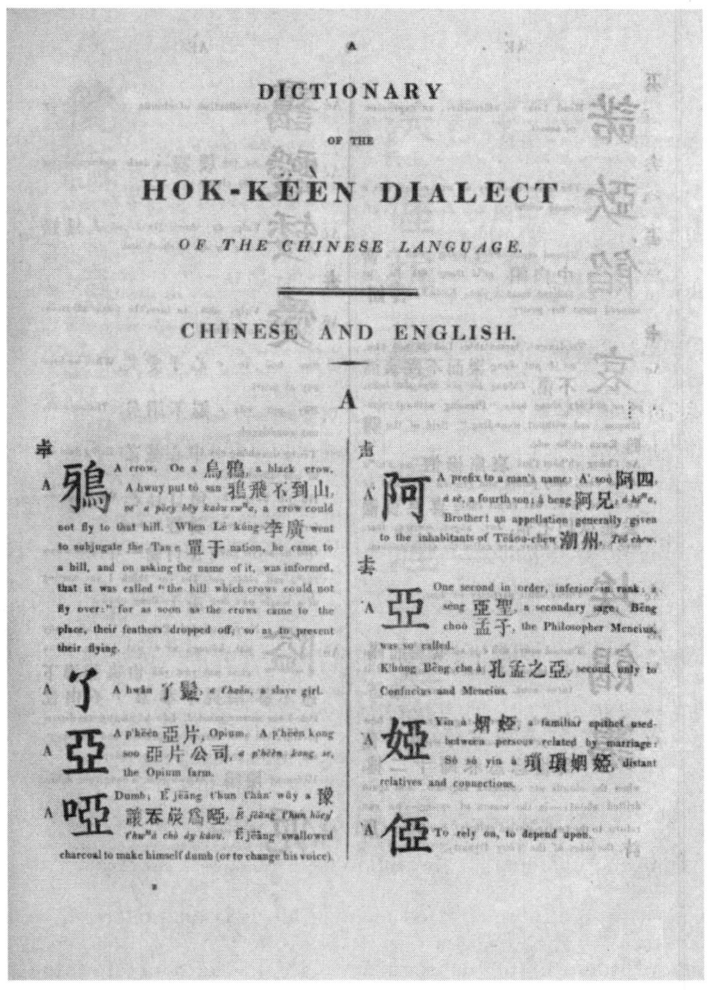

A

DICTIONARY

OF THE

HOK-KEÈN DIALECT

OF THE CHINESE LANGUAGE.

CHINESE AND ENGLISH.

A

A 鴉 A crow. Oe a 烏鴉, a black crow. A hwuy put tò san 鴉飛不到山, *oe a póey bōy kaòu swⁿa*, a crow could not fly to that hill. When Lé kóng 李廣 went to subjugate the Tan e 單于 nation, he came to a hill, and on asking the name of it, was informed, that it was called "the hill which crows could not fly over:" for as soon as the crows came to the place, their feathers dropped off, so as to prevent their flying.

A 丫 A hwân 丫鬟, *a Chaôu*, a slave girl.

A 亞 A p'hëen 亞片, Opium. A p'hëen kong soo 亞片公司, *a p'hëen kong se*, the Opium farm.

A 啞 Dumb; Ē jëăng t'hun t'hàn wûy a 豫讓吞炭爲啞, *Ē jëăng t'hun hòey t'hwⁿà chò ày kaòu*. Ē jëăng swallowed charcoal to make himself dumb (or to change his voice).

A' 阿 A prefix to a man's name: A' soo 阿四, *a sè*, a fourth son; à heng 阿兄, *à hëa*, Brother! an appellation generally given to the inhabitants of Tëâou-chew 潮州, *Tëô chew*.

'A 亞 One second in order, inferior in rank; a sèng 亞聖, a secondary sage. Bēng choò 孟子, the Philosopher Mencius, was so called. K'hóng Bēng che à 孔孟之亞, second only to Confucius and Mencius.

'A 婭 Yin à 姻婭, a familiar epithet used between persons related by marriage: Sò sò yin à 瑣瑣姻婭, distant relatives and connections.

'A 倻 To rely on, to depend upon.

Picture 2 First dictionary page of Medhurst's *A Dictionary of the Hok-Këèn Dialect of the Chinese Language* (1832) (https://archive.org/details/dictionaryofhokk00medhrich/page/n69/mode/2up, public access, accessed on 2021-09-15).

As demonstrated above, the earlier dictionaries and textbooks compiled in Southeast Asia mostly used the Zhangzhou dialect of Hokkien, due to the majority of overseas Chinese originating from that city. Meanwhile, by the 19th century Xiamen was the internationally most connected, principle port of Southern Fujian. This was also the reason why the Treaty of Nanjing (1842) specified Xiamen as one of the "treaty ports" to be opened for foreign trade and other activities including missionary work. Within Southern Fujian, Xiamen hence became the main destination of newly arriving foreign missionaries in the 1840s. Many of the missionaries settling down in Xiamen arrived from Western colonies in Southeast Asia and had a good knowledge of Hokkien due to years of work among Hokkien-speaking overseas Chinese communities in Southeast Asia. In the words of Xiamen-based British Protestant missionary John Macgowan (1889),

> In the meantime as there was no scope for missionary work in China, missions were commenced in Batavia, Malacca, Penang, and Singapore, amongst the Chinese residing there. One very valuable result of this was that men were being trained in a knowledge of Chinese and of Chinese life that would specially qualify them to be workers in China the very moment that country was opened. ①

It has also been argued by various authors that the usage of the Xiamen dialect was preferable due to linguistic reasons as well, considering Xiamen's central position within the region and the intelligibility of its dialect to the speakers of all neighboring Hokkien dialects. The Xiamen dialect was hence considered a preferable basis for the creation of a Latin letters-based transcription method (Romanization) for Hokkien. As John Macgowan writes in the preface of his *English and Chinese Dictionary of the Amoy Dialect* (1883),

> Of the four dialects (Chang-chow, Chin-chew, Tung-an and Amoy) [Zhangzhou, Quanzhou, Tong'an, Xiamen], the numbers that speak the Amoy are the fewest, and yet it is the most generally understood of them all. It is characterized by great distinctness and simplicity of sounds. The consequence is, that a man speaking it can be better

① John Macgowan, *Christ or Confucius, Which?: Or, The Story of the Amoy Mission*, Ch'ing Wen 1971 ed. (London: London Missionary Society, 1889), p. 20.

understood when travelling through the Chang-chow and Chin-chew Prefectures than those who speak the others. The knowledge of the Amoy dialect, therefore, enables the student to communicate with a large population, as he will easily learn the few rules which will assist him in mastering the distinguishing differences that mark the various dialects. ①

ENGLISH AND CHINESE

DICTIONARY

OF THE

AMOY DIALECT.

A.

ABA　　ABA

A, an, 一° tsit, 一 it.

Aback, 向° 後° n̂g aū, 到 退° tò thè, taken—as ship, 打° 篷° 頭° phah phâng thâu.

Abacus, 算° 盤° sǹg-poâ^{n}, balls of—算° 盤° 子° sǹg-poâ^{n}-tsí, rod of—, 桯 kì^{n}.

Abaft, 船° 尾° tsûn-bé.

Abandon, 放° 捒° pàng-sak, 棄 捒° khì-sak, 拒 絕 kù-tsoát, 棄 絕 khì-tsoát.

Abandoned, (forsaken) 放° 捒° pàng-sak, (profligate) 放 蕩 hòng-tōng.

Abase, Abasement, } 降 下° kàng-kē.

Abash, 俾° 人° 歹° 神 氣 hō· lâng phái^{n} sîn khì, 俾° 人° 無° 局 hō· lâng bô kiók, 俾° 人° 置 身 無 地 hō· lâng tì sin bû tē, 俾° 人° 無° 意 神 ho· lâng bô ì-sîn, 俾° 伊 無° 心 適 hō· i bô sim-sek.

Abashed, 無° 意 神 bô-ì-sîn, 無° 局 bô kiók, 無° 心 適 bô-sim-sek.

Abate, Abatement, } 減 kiám, (as water) 消 siau, 消 蝕° siau-sih, 退° thè.

Abbess, 尼 姑 頭° lî-ko·-thâu.

Abbey, (Buddhist) 寺 sī, (Tauist) 道 壇° to toâ^{n}.

Abbot, 和° 尚° 之° 頭° 人° hê-siū^{n} ê thâu lâng, (Lamaist) 堪 布 kham-pò·.

Abbreviate, Abbreviation, } 簡 省 kán-séng, 簡 略 kán-liók.

Abdicate, (the throne) 讓° 天° 位 niū^{n}-thi^{n}-ūi.

Abdomen, 腹° 肚° pak-tó·

Abduct, Abduction, } 偷° 悉 thau-chhōa, 偷° 悉 走° thau-chhōa-tsáu.

Abductor, 偷° 悉 之° 人° thau-chhōa ê lâng, 拐 棍 koái-kùn.

Abed, 在° 眠° 床° 裡° tī-bîn-chhn̂g-nih.

Aberration, (of mind) 失 心 sit sim.

Abet, 挑° 唆 kiáu-so, 使° 唆° sái-sō, 擺 弄 pái-lōng, 弄 lōng.

Abetter, 挑° 唆 者° kiáu-so-ê, 使° 唆° 者° sái-sō-ê.

Picture 3　First dictionary page in Macgowan's *English and Chinese Dictionary of the Amoy Dialect* (1883) (https://archive.org/details/cu31924023550878/page/n13/mode/2up, public access, accessed on 2021-09-15).

In a similar vein, the American Protestant missionary Philip Wilson Pitcher, in the section on "Amoy Romanization/闽南白话字 [Hokkien vernacular script]" in his comprehensive historical work *In and About Amoy* (1912) argues that

① John Macgowan, *English and Chinese Dictionary of the Amoy Dialect* (London: Trubner & Co., 1883), p. V.

One remarkable feature that demonstrates this more than anything else, is the fact that the Amoy Romanized is easily comprehended by all alike among all the dialects of this district. The strange thing is that each person will read it in his or her own dialect, though it be written in the Amoy dialect; that is, of course, after the system is understood. To be sure, in most instance the changes are slight. Still, be they slight or otherwise, their own dialect is always used. For instance, take the common wordōe (can, able) as it appears in the Amoy dialect. A person living at Sio-khe, sixty miles southwest from here, will invariably read it simply e with the o omitted. So with Siōng-tè (God), that will be read elsewhere Siūng-tè; thi^{n}-kng (dawn) will be read thi^{n}-kui^{n}; kong (to speak) will be read seh. In the latter instance the change is complete, an entirely different word being used. ①

5 Gulangyu's Role in the Linguistic Interaction Process

In the aftermath of the Treaty of Nanjing (1842), as an increasing number of missionaries and other foreigners arrived to Xiamen, the island of Gulangyu was chosen by many of them as their residence. This was due to its proximity to the main island on the hand, as well as its more favorable living conditions in comparison with the former (incl. lower population density, better climate conditions especially during the summer).② In the subsequent decades, Gulangyu known as the birthplace of the Peh-oe-ji 白话字 Romanization method of Hokkien.

The earliest available text which seems to be written in Peh-oe-ji is a translation of a short extract from the Book of Genesis, published in*The Chinese Repository* Vol. 22. (1851).③ The translation is included in an article written by the editor of the issue Samuel Wells Williams (1812 - 1884), an American Protest missionary based in Guangzhou. As also argued by Klöter, the translation was most likely not written by Williams himself, but was sent to him by a Xiamen-based fellow missionary. ④ The earliest known works using Peh-oe-ji were published

① Philip Wilson Pitcher, *In and about Amoy: Some Historical and Other Facts Connected with One of the First Open Ports in China*, 2nd ed. (Shanghai: The Methodist Publishing House, 1912), pp. 202-203.

② Cook, "Bridges to Modernity."

③ *The Chinese Repository* was a periodical published in Guangzhou between 1832 and 1851 by Protestant missionaries. It provided information on Chinese culture, history, and languages, in order to help the work of China-based missionaries.

④ Henning Klöter, "The History of Peh-Oe-Ji," 2002, 7, http://ip194097.ntcu.edu.tw/giankiu/GTH/2002/TOLMJ/giteng/lunbun/K2-kloeter.pdf.

by Gulangyu-based Protestant missionaries John Van Nest Talmage (1852) and Elihu Doty (1853).① It is not certain if there was a single originator of the Peh-oe-ji; it seems likely that it emerged gradually based on the works of various Gulangyu-based missionaries including Talmage and Doty.② From the late 19th century, Peh-oe-ji became a widely used standard of Hokkien Romanization, in which Hokkien-language works were published in mainland China, Taiwan, and in various Southeast Asian countries.③

6 Conclusion

Gulangyu has been known as center of Sino-Foreign cultural interaction in the 19th and 20th centuries, as well as the birthplace of the widely used Peh-oe-ji Romanization of Hokkien Chinese. The present article aimed at demonstrating that the interest of foreign missionaries in learning and recording Hokkien Chinese go back to hundreds of years earlier and involve locations around the South China Sea of significant geographical distance from Xiamen. The main factor connecting these distant temporal and spatial entities was Southern Fujian's role as a "maritime frontier" of China, especially the large-scale emigration during the late imperial (Ming-Qing) period. In the earlier works, the Zhangzhou dialect of Hokkien was usually preferred due to the large number of overseas Chinese in Southeast Asia hailing from that city. Meanwhile, during the Qing era, Xiamen gradually emerged as the principal port of Southern Fujian. As Xiamen was forcibly opened and became a "treaty port" following the Treaty of Nanjing (1842), it became the main destination of foreigners arriving to Southern Fujian. Within Xiamen, Gulangyu became the preferred residence of many foreigners, including missionaries, who were the main compilers of Hokkien linguistic materials.

---

① The earliest non-extant work mentioned in several later works was apparently Talmage's *Tn̂g-oē Hoan-jī Chho͘-ha̍k* 唐話番字初學 (Introduction to Chinese Romanization, 1852). The earliest extant work is Elihu Doty's *Anglo-Chinese Manual with Romanized Colloquial* (1853).

② On this see also Klöter, "The History of Peh-Oe-Ji," 6.

③ For more on the widespread usage of Peh-oe-ji throughout the South China Sea region see Sebestyén (洪思明) Hompot,《晚清，民国时期闽南白话字典对中西方语言交流的影响》，载何瑞福主编《鼓浪屿研究》第六辑，厦门大学出版社，2017，第44~61页；Sebestyén Hompot,《东西方视域的鼓浪屿公共租界语言文化交流研究》，硕士学位论文，厦门大学，2017；Sebestyén Hompot, "Xiamen at the Crossroads of Sino-Foreign Linguistic Interaction during the Late Qing and Republican Periods: The Issue of Hokkien Phoneticization," *Crossroads—Studies on the History of Exchange Relations in the East Asian World* 17-18, (2020): 167-205.

Bibliography

John W. Chaffee, "Muslim Merchants and Quanzhou in the Late Yuan-Early Ming: Conjectures on the Ending of the Medieval Muslim Trade Diaspora," in *The East Asian "Mediterranean": Maritime Crossroads of Commerce, Culture and Human Migration*, edited by Angela Schottenhammer, Wiesbaden: Harras-sowitz Verlag, 2008, pp. 115-132.

Hugh R. Clark, "Frontier Discourse and China's Maritime Frontier: China's Frontiers and the Encounter with the Sea through Early Imperial History," *Journal of World History*, Vol. 20, No. 1 (2009): 1-33.

James Alexander Cook, "Bridges to Modernity: Xiamen, Overseas Chinese and Southeast Coastal Modernization, 1843-1937," University of California, 1998.

Andre Gunder Frank, *ReORIENT: Global Economy in the Asian Age*, Berkeley: University of California Press, 1998.

Sebestyén Hompot（洪思明），《东西方视域的鼓浪屿公共租界语言文化交流研究》，硕士学位论文，厦门大学，2017。

——. "Xiamen at the Crossroads of Sino-Foreign Linguistic Interaction during the Late Qing and Republican Periods: The Issue of Hokkien Phoneticization," *Crossroads—Studies on the History of Exchange Relations in the East Asian World* 17-18,（2020）: 167-205.

——（洪思明）.《晚清，民国时期闽南白话字典对中西方语言交流的影响》，载何瑞福主编《鼓浪屿研究》第六辑，厦门大学出版社，2017。

金美：《〈汉语语法：漳州话语言艺术〉的音系与语法——兼与近现代西班牙传教士闽方言汉语教材比较》，《南方语言学》2020 年第 16 期。

Klöter, Henning. "The History of Peh-Oe-Ji," 2002. http://ip194097.ntcu.edu.tw/giankiu/GTH/2002/TOLMJ/giteng/lunbun/K2-kloeter.pdf.

——. *The Language of the Sangleys: A Chinese Vernacular in Missionary Sources of the Seventeenth Century*, Annotated edition. Leiden; Boston: Brill Academic Pub, 2010.

Piet Van der Loon, *The Manila Incunabula and Early Hokkien Studies*, Percy Lund, 1966.

John Macgowan, *Christ or Confucius, Which?: Or, The Story of the Amoy Mission*, Ch'ing Wen 1971 ed, London: London Missionary Society, 1889.

——. *English and Chinese Dictionary of the Amoy Dialect*, London: Trubner & Co., 1883.

Walter Henry Medhurst, *A Dictionary of the Hok-Këèn Dialect of the Chinese Language, According to the Reading and Colloquial Idioms: Containing about 12000 Characters. Accompanied by a Short Historical and Statistical Account of Hok-Këèn*, Macao, Printed at the Honorable East India company's press, by G. J. Steyn and brother, 1832. http://archive.org/details/dictionaryofhokk00medhrich.

Gakusho Nakajima, "The Structure and Transformation of the Ming Tribute Trade System." In*Global History and New Polycentric Approaches: Europe, Asia and the Americas in a World Network System*, edited by Manuel Perez Garcia and Lucio De Sousa, 137 - 162. Palgrave Studies in Comparative Global History. Singapore: Springer Singapore, 2018. https://doi.org/10.1007/978-981-10-4053-5_7.

Philip Wilson Pitcher, *In and about Amoy: Some Historical and Other Facts Connected with One of the First Open Ports in China*, 2nd ed, Shanghai: The Methodist Publishing House, 1912.

Angela Schottenhammer (ed.), *The Emporium of the World: Maritime Quanzhou, 1000-1400*, Brill, 2000. https://brill.com/view/title/6983.

清末鼓浪屿绅商创办华宝制瓷公司始末考略

胡舒扬*

摘要： 清末新政时期，林辂存等人创办的华宝制瓷公司是福建地区瓷业改良的先驱。本文通过梳理清末报刊、公文等文献中的相关记录，厘清该公司之名号、创办人、股本等信息，分析清光绪年间福建华宝制瓷公司创办的来龙去脉。在较长一段时间内，华宝制瓷公司都处于创而未办的状态，阻力主要来自专利申请和筹集股本两方面。创办者的家世身份和人际网络原本是促成华宝制瓷公司创设的积极因素，但在时局之下，也有可能转而带来负面影响。创办制瓷公司、改良瓷业的同时，金门所产的青料或许也是创办者们的用意所在。

关键词： 瓷业公司　厦门　金门　鼓浪屿　林辂存

清末是中国传统手工业向现代转型的肇始期，福建瓷业也裹挟其中。既往关于清末民初福建瓷业的讨论多集中于德化，相较之下，对其他市县制瓷业的论述则甚为稀少和零散。通过对报刊、公文等文献中相关记载的梳理，本文厘清了清光绪年间福建华宝制瓷公司的创办过程，并对清末福建制瓷业尤其是近代厦门瓷业探索之史料稍做补证。

一　“华宝”之名与“宝华”之误

今人关于福建华宝制瓷公司的记述最早可见于傅振伦 1955 年出版的专著，为“一九〇四年（光绪三十年），福建厦门创立华宝制瓷公司”①。中国科学院经济研究所组织编写的《中国近代经济史参考资料丛刊》之第二种《中国近代工业史资料第二辑（1895—1914 年）》出版于 1957 年，该书下册辑录了《时报》1905 年 7 月 11 日对华宝制瓷公司的报道：

*　胡舒扬，厦门大学人文学院历史系博士研究生，研究方向为海洋史学。

①　傅振伦：《中国伟大的发明——瓷器》，三联书店，1955，第 87 页。

> 陈日翔观察前出使小吕宋领事，与林景商（林辂存）观察皆厦绅之翘楚，熟悉洋务，开通最早。前因蒿目时艰，特出招股十二万，在（厦门）金门开设华宝制磁公司，设窑制造磁器，改良华式，专仿西洋样款，以便行销外洋，收回利权。[①]

这套丛刊是中国近代史领域的重要参考资料，20世纪八九十年代出版和发表的提到华宝制瓷公司的资料选辑和书刊文章[②]大多引述或转引这段文字，近20年来编写出版的福建地方文史资料及通史类论著对华宝制瓷公司也时有述及。[③] 综观这些提到华宝制瓷公司创设的资料辑录和论著，记述大多简略，仅是一笔带过，但对“华宝制瓷公司”名称的表述是无误的。笔者在查阅相关文献时注意到，也有一些论著将之记载为“宝华”制瓷公司，因所述年代及地点相符，可以确定指的是同一家公司。“宝华制瓷公司”和“宝华制瓷有限公司”的表述多见于陶瓷类图书，撇开通俗类读物不论，其中不乏在陶瓷研究领域较具影响力和参考价值的图书。如1963年出版的《中国的瓷器（修订本）》和1989年出版的《中国近代工业史》中，都记述光绪三十年（1904年）在福建创办了“宝华制瓷有限公司”[④]，由于二书均未在该处注明文献来源，我们无从知晓这里“宝华”之误从何而来，但就不少图书均以“宝华”称这间制瓷公司的名号来推断，应该不是单纯的校印错误。图书间的相互参考和引用是需要考虑的一个因素，但对于较早形成的文本而言，解释力似乎还不够充分。因此，有必要检阅原始材料，以便于后文梳理华宝制瓷公司创设的相关问题。

---

① 汪敬虞：《中国近代工业史资料第二辑（1895—1914年）》（下册），科学出版社，1957，第1005页。

② 20世纪80~90年代引用或辑录这条史料，提到“华宝制瓷公司”的文献主要有：《辛亥革命在福建》（载辛亥革命史研究会编《辛亥革命史论文选》，三联书店，1981，第759页），《近代华侨投资国内企业史资料选辑（福建卷）》（福建人民出版社，1985，第175页），《厦门港》（福建人民出版社，1987，第133页），《1985年—2000年厦门经济社会发展战略》（鹭江出版社，1989，第24页），《闽南革命史》（中国计划出版社，1990，第38页），《福建工人运动史1840—1949》（中国工人出版社，1990，第15页），《厦门工人运动史》（厦门大学出版社，1991，第266页），《厦门华侨志》（鹭江出版社，1991，第190页），《厦门侨乡》（鹭江出版社，1998，第88页）等。

③ 近20年来，直接或间接援引这段记载而述及“华宝制瓷公司”的文字见诸《集美文史资料（第11辑）》（2001）、《同安文史资料（第20辑）》（2001）、《福建近代产业史》（2002）、《厦门市志》（2004）、《福建通史》（2006）、《翔安文史资料》（2006）、《公共租界鼓浪屿与近代厦门的发展》（2007）、《同安党史》（2011）、《闽商发展史（总论卷）》（2013）等书刊。

④ 轻工业部陶瓷工业科学研究所编著《中国的瓷器（修订本）》，轻工业出版社，1963，第245页；祝慈寿：《中国近代工业史》，重庆出版社，1989，第541页。此外，具有一定影响力和传播度，在行文中提到“宝华”制瓷公司的论著还有：《中国美术通史（第7卷）》（山东教育出版社，1988，第332页），《中国陶瓷史纲要》（轻工业出版社，1989，第282页），《中国陶瓷史》（三联书店，2006，第602页），《厦门史地丛谈》（厦门大学出版社，2007，第116页），《中国经济发展史（1840—1849）》（上海财经大学出版社，2016，第651页）等。

检索晚清报刊可以找到三则提及“宝华”制瓷公司的报道，皆出自《申报》。时间最早的是1904年11月20日所刊《精制瓷器及创造玻璃以收回利源说》一文，文章谈到安徽官员倡议在祁门设立瓷土公司并尝试采用机器制造，又称“娄刺史乃赴闽省与宝华公司联络一气，以冀畅销，盖闽省宝华公司亦以机器制成磁器，设立已有二三年，想已办有成效”①。这里说“宝华”制瓷公司成立已经二三年显然是不准确的。另外两则报道都是关于勘察核办“宝华”制瓷公司的简讯，分别刊登于1905年和1906年，前一则有“勘验情形，再行核办”②之语，后一则说“厦门宝华制磁公司去年商部奏准立案，至今尚未开办”③，表明“宝华”制瓷公司不可能于1904年之前“设立已有二三年”。至于华宝制瓷公司是不是像目前绝大多数书刊和文章里所说的创办于光绪三十年（1904年），此处暂不展开，后文将另作讨论。福建与安徽相隔较远，信息传递存在偏差，或许因此错讹华宝制瓷公司的开设情况。而谈到安徽方面派员前往福建联络制瓷公司，以期拓展瓷土销路的报道亦见于1904年11月13日的《申报》，文中“娄刺史已赴闽省与华宝公司联络一气以广销路”的记叙则使用“华宝”一名，是无误的。

查阅1905年前后的相关报道可以发现，使用“华宝”一名正确表述该公司名号的文章仍占多数，涉及报刊包括《申报》《时报》《鹭江报》《北洋官报》《南洋官报》《福建白话报》等，刊登时间主要集中在1904年5月至1906年5月。其中，《鹭江报》刊载的《福建华宝制磁有限公司章程》是林辂存等申办华宝制瓷公司时向官方附呈的文件，该章程第一条明确显示“公司名号曰华宝制磁有限公司”④，无疑最具说服力。此外，《北洋官报》和《南洋官报》为地方政府官报，里面刊录的公文也再次表明这家制瓷公司的名号当是“华宝”。⑤

二　创办始末：设想与现实之间

关于华宝制瓷公司的创办历程，目前尚无学者深究，最详细的介绍即前文提到的《中国近代工业史资料第二辑 1895—1914年》下册中所辑《时报》1905年7月11日的报道。事实上，查阅原文可知书中的这段辑文并不完整，为了更好地梳理和讨论华宝制瓷公司的创设始末，兹录全文于下：

---

① 《申报》1904年11月20日第11350号，第1版。

② 《申报》1905年7月4日第11570号，第9版。

③ 《申报》1906年5月15日第11879号，第10版。

④ 《专件：续福建华宝制磁有限公司章程》，《鹭江报》1904年第69册，第17页。

⑤ 《广东职商林辂存等创设华宝制磁公司恳请商部附奏立案禀并批》，《南洋官报》1904年第60册，第5～6页；《福建兴泉永道通谕保护华宝制磁公司文》，《北洋官报》1905年第739册，第3页。

将兴制磁公司

陈日翔观察前出使小吕宋领事，与林景商观察皆厦绅之翘楚，熟悉洋务，开通最早。前因蒿目时艰，特出招股十二万，在金门开设华宝制磁公司，设窑制造磁器，改良华式，专仿西洋样款，以便行销外洋，收回利权。事为前黎国廉厦道批驳，以致股友解体，功败垂成。商部迭催开办，此次王丹揆京堂到厦详查案卷，又赴金门查勘地面，劝陈、林二绅作速兴办，勿生终止之心，已谕地方官竭力保护，大约不日可以开工。如王丹揆京堂者，可谓振兴商业不遗余力矣。[①]

不难看出，后面这段未被辑录的文字生动阐释了标题中的“将兴”二字。如果这篇报道可信的话，将兴而未兴——或许这才是华宝制瓷公司在1905年7月之前的实际状态：由于道员黎国廉的反对，公司招股未成，故无法开办。这篇报道又谈到，商部曾多次催办，又派员到当地调研，敦劝陈日翔和林景商（林辂存）尽快设立公司，并吩咐地方官给予保护，以期早日开工。商部委派赴厦门的王京堂名清穆，号丹揆，奉命于光绪三十一年（1905年）四月起前往闽粤沿海考察各埠商务，他在八月呈递的奏折中谈到厦门采用机器制造的厂商还很少，“……商办者仅有华宝制磁公司一家，现均甫在筹设，未睹成效”[②]。这里的“甫在筹设”和“未睹成效”印证了报道里华宝制瓷公司当时尚未正式开办的说法。

从1904年申办到1905年仍未开工来看，华宝制瓷公司的创办过程显然波折颇多，今人目前引用和辑录的与之相关的记载可以说只是该公司创办的设想而非现实，换言之，至少不是全貌。通过梳理1904年5月至1906年5月各类报刊登载的有关华宝制瓷公司的报道和公文，我们可以大致梳理出华宝制瓷公司创办的时间线（见表1）。

表1　福建华宝制瓷公司创办的时间脉络

时间	进度概要
1904年3月	向商部提出申请后准予立案
1904年5~9月	聘请工匠试制瓷器向道署提出专利申请未获批
1905年6月21日	商部派员实地调研
1905年8月14日	获准注册设在厦门
1906年6月前	再议招股预备开办

① 《将兴制磁公司》，《时报》1905年7月11日，第6版。

② 《署商部右丞左参议王清穆奏考察闽粤沿海各埠商务情形折》，《时报》1905年11月1日，第2版。该奏折亦载于《北洋官报》（1905年第829册）、《南洋官报》（1905年第28册）、《政艺通报》（1905年第四卷第17期）、《东方杂志》（1906年第三卷第3期）等报刊。

光绪三十年（1904 年）正月二十三日，林辂存等人向商部提出申请，拟创设福建华宝制瓷有限公司，并附章程十六条，议订召集股本 2400 股，每股洋银 50 元，预备在金门设窑厂并于厦门设发卖总局，初办时将由创办人按股先匀摊出 4 万元开始着手，余下的股本再继续筹集，商部于同年准予立案，咨行闽浙总督令地方官一体保护，并要求林辂存等人按照《公司律》的规定进行注册，以便给照开办。[①]《公司律》是清政府颁行的中国第一部公司法，《公司律》规定股份有限公司为 7 人或 7 人以上创办集资经营，创办者需登报声明并提前 15 日将订立的创办合同呈报商部注册，合同内应载明公司名号、经营内容、资本规模、股份明细、设立地方、创办人姓名住址等详细信息，招股必先刊发知单并登报布告众人。[②] 1904 年 6~7 月《鹭江报》连续三期全文刊载的《福建华宝制磁有限公司章程》已经对入股、分红和经营方式等内容做了说明，某种程度上或许可以视作华宝制瓷公司的创办合同。9 月 3 日之前，林辂存等人向道署提出 10 年或 15 年的专利申请，黎国廉认为制瓷之法源自中国，虽改良样式仿制洋瓷也不宜尊为独得之秘，未予批准（嗣后或许又由商部准行）。[③] 而获得立案后，在公司筹股和准备注册的同时，瓷器的试制工作可能已经陆续展开，并着手聘请国内外工匠，甚至有外地已向该公司订货之说。[④] 光绪三十一年（1905 年）五月十九日，商部委派参议王清穆赴金门查勘瓷厂，公司创办人同船前往，王清穆敦劝兴办。[⑤] 兴泉永道随即发布谕令给予保护，谕文中提到，公司将于当年农历七月初一日前开办，总局设在厦门太史巷，总厂设在金门料罗澳。[⑥] 七月十四日，林辂存等三人正式将华宝制瓷公司注册在厦

---

① 《商部咨闽浙总督文》，《申报》1904 年 5 月 27 日第 11173 号，第 2 版；《专件：福建华宝制磁有限公司章程》，《鹭江报》1904 年第 69 册，第 17 页；《磁窑立案》，《北洋官报》1904 年第 232 册，第 3 页。

② 《公司律》第一节，第十一至十六条，载《大清法规大全》第 6 册，考正出版社，1972，第 3023 页。

③ 《申报》1904 年 9 月 3 日第 11272 号，第 2、3 版。此事也有不同的报道，称华宝制瓷公司提出的专利申请是 20 年，黎道台未批准，后由商部准行 15 年专利（《制磁专利》，《福建白话报》1904 年第 2 期，第 21 页）。《福建白话报》创刊于 1904 年 10 月，为半月刊，该报道刊发的时间当在 10~11 月，报道中所称的商部批准专利可能是事件后续，但与《申报》对前情的描述仍稍有不同，所以关于华宝制瓷公司确否获得专利，获批多少年的专利，仍有待探讨。另一则关于华宝制瓷公司的报道中有“禀准专利”四字，但从刊发时间和全文大意来看，有可能是指公司获准注册（《制磁公司近闻》，《赏奇画报》1906 年第 4 期，第 24 页）。

④ 《金门磁业》，《北洋官报》1904 年第 250 册，第 4 页；《金门磁业公司之组织》，《时报》1904 年 10 月 11 日，第 7 版；《聘匠制磁》，《福建白话报》1904 年第 2 期，第 23 页；《厦门磁业近闻》，《北洋官报》1904 年第 544 册，第 4 页。

⑤ 《王参议莅勘金门制磁厂》，《时报》1905 年 7 月 1 日，第 6 版；《申报》1905 年 7 月 4 日第 11570 号，第 9 版；《将兴制磁公司》，《时报》1905 年 7 月 11 日，第 6 版；《实业汇志：莅勘金门制磁厂》，《江西官报》1905 年第 17 期，“选报”二。

⑥ 《福建兴泉永道通谕保护华宝制磁公司文》，《北洋官报》1905 年第 739 册，第 3 页，该谕文亦载于《南洋官报》1905 年第 19 册，“实业・二”。

门，股本2万元。[①] 1906年，公司创办人复议招股并聘请技师，但到5月仍尚未正式开办。[②] 甚至有报刊在文中直接用“迟迟有待”[③] 来形容华宝制瓷公司的处境，可见其难于开办之事在当时也有一定的社会关注度。

从最初申请设办到注册成功后再次招股，福建华宝制瓷公司的创办过程持续了两年有余，某种程度而言，华宝制瓷公司的创办其实是徘徊于设想与现实之间，一方面早已创有名号、订下章程，另一方面却几经波折、迟迟难于开办，这一时期的报刊和公文中关于华宝制瓷公司的文字也大抵集中于它的创办。概言之，“华宝制瓷有限公司”在很长一段时间内都停滞在创而未办的状态。

三　载舟覆舟：时局与身份

中国的陶瓷生产历史悠久，即便是在传统制瓷业走向衰落的晚清，江西、福建、广东等地仍保持着一定规模的瓷器烧造。但随着欧美各国先后制瓷成功并大力发展机器制瓷，华瓷出口大幅削减，向来规模甚巨的粗瓷外销受此影响尤深，这类产品因样式老旧、材质粗糙，逐渐为国外市场所摒弃。正是在这一背景下，改良瓷业之风兴起，传统的手工制瓷作坊于清末民初之际逐渐转型为制瓷工厂和瓷业公司。林辂存等人创办福建华宝制瓷公司便是清末瓷业改良的一桩个案，创办者提倡参习国外生产技术、改良产品样式、使用机器制造，以期将产品销于外洋挽回利权，无疑也是清末实业振兴思潮的一个缩影。

提出创办福建华宝制瓷公司的时间在瓷业改良的风潮中可谓先者，但从提出申请到注册成功几经周折，前后各篇报道对公司股本和创办人的记述也多有不同。对这类材料的分析，有助于揭示华宝制瓷公司缘何在相当长的一段时间内创而未办。

《时报》1905年7月11日的报道称，该公司创办人有二，一是曾任小吕宋领事的陈日翔，一是字“景商”的林辂存，二人皆为“厦绅之翘楚，熟悉洋务”。[④] 而在关于商部派员赴金门勘察的报道中，提到的华宝制瓷公司创办人有四位，分别是：陈纲、

---

① 《商部乙巳年纪事简明表再续》，《申报》1906年2月16日第11791号，第3版。另外，林辂存等人奏请创设华宝制瓷公司的禀牍中曾称“初办时，由职商等按股匀摊，提出四万元先行开手，余股逐渐接济”（参见《南洋官报》1904年第60册，第5页），而实际注册时股本为2万元，可能存在原股东缩减入股资金或退出投资的情况，从一定程度上反映出公司筹募股本的困境。

② 《制磁公司之前途》，《时报》1906年3月4日，第5版；《申报》1906年5月15日第11879号，第10版；《制磁公司近闻》，《赏奇画报》1906年第4期，第24页。

③ 《磁业颇效》，《汉文台湾日日新报》1905年10月1日，第3版。

④ 《将兴制磁公司》，《时报》1905年7月11日，第6版。

陈日翔、林辂存、周之桢。[①] 公司正式注册时，创办人则为林辂存等三人。[②] 所有与申办华宝制瓷公司有关的报道和文件中，林辂存是唯一都会提及的创办人，可以推断他是确定出资的实际创办人之一，且应是首事者。

林辂存，福建安溪人，祖父林远芳晚年业茶，父林鹤年曾在台湾任官，内渡后于鼓浪屿辟建“怡园”，辂存为其第四子，[③] 于光绪二十四年（1898 年）考取经济特科，初以郎中用，后改道员，不久又调任广东。[④] 光绪三十年（1904 年）林辂存最初禀请设立华宝制瓷公司时，身份为“职商”“广东试用道”，与他一起倡议的还有“候选州同余庆飏、议叙同知翁庆涛等”，[⑤] 从三人的头衔推断，多半有劝募捐赈之功或是得到保举荫授，余、翁二人之名在此后有关华宝制瓷公司的报道和文件中再未出现过。林辂存“职商”的身份与家族先辈有一定关联。其曾祖腾振“业儒，旋就贾于粤……以筹办海防出力，议叙同知”，祖父远芳“治商，当道于筹防案内，保以道员选用”，父鹤年曾参加科举，渡台后承办茶厘、船捐等局务，又应邵友濂、林维源之聘，商办抚垦，在闽、粤、台三地皆有义举。[⑥] 而林辂存在台时，亦曾参与台北茶厘船捐总局的事务，[⑦] 可见其身份绝不仅是“厦绅”，而是颇有家族渊源的绅商。相关报道中提及次数较多的另一位创办人陈日翔，台湾凤山县人，早先由举人加捐道员，[⑧] 于光绪二十六年（1900 年）年末前往小吕宋出任总领事，两年后卸任。[⑨] 陈日翔的父亲陈福谦曾是一名郊商，祖籍福建同安，担任过德记洋行（Tait & Co.）的买办，捐奉直大夫，在旗后

① 《王参议莅勘金门制磁厂》，《时报》1905 年 7 月 1 日，第 6 版；《实业汇志：莅勘金门制磁厂》，《江西官报》1905 年第 17 期，“选报”二。

② 《商部乙巳年纪事简明表再续》，《申报》1906 年 2 月 16 日第 11791 号，第 3 版。

③ 林辂存所编《族系考》载林远芳曾为海防出力，累保至道员，在闽、粤、台三地均置有家业（庄为玑、王连茂编《闽台关系族谱资料选编》，福建人民出版社，1984，第 445 页）。林鹤年出生在广东，曾在台任道员加按察使衔，承办茶厘船捐局事务，内渡后亦曾在闽承办商务（梁淑安主编《中国文学家大辞典・近代卷》，中华书局，1997，第 277 页）。

④ 陈峰编撰《林氅云鹤年先生年谱》，载（清）林鹤年撰，厦门市图书馆校注《福雅堂诗钞》，厦门大学出版社，2016，第 503 页。

⑤ 《闽省华宝公司制瓷禀牍》，《申报》1904 年 5 月 27 日第 11173 号，第 2 版。

⑥ 吴鲁撰《林氅云先生家传》，载（清）林鹤年撰，厦门市图书馆校注《福雅堂诗钞》，厦门大学出版社，2016，第 1~5 页。

⑦ 1894 年 8~9 月登报致谢医者的文字中，林辂存自署为“办理台北茶厘船捐事”（《申报》1894 年 8 月 20、22 日及 9 月 12 日第 6 版，8 月 24 日第 8 版，9 月 10 第 7 版，9 月 14 日第 12 版）。同年为顺直之灾赈捐时，林辂存亦于姓名前加署“台北茶厘船捐总局”（《申报》1894 年 9 月 30 日，第 4 版）。

⑧ 《陈日翔请奖片》（光绪十八年四月二十七日），载顾廷龙、戴逸主编《李鸿章全集 14・奏议十四》，安徽教育出版社，2008，第 407~408 页。

⑨ 《领事履新》，《申报》1900 年 12 月 19 日第 9943 号，第 2 版；《驻美大臣伍廷芳为选调道员陈日翔任小吕宋总领事事致总理衙门咨呈》（光绪二十七年三月二十五日）、《外务为准驻美代办沈桐申称小吕宋总领事陈日翔销差事致吏咨稿》（光绪二十九年二月八日），收录于中国第一历史档案馆编《清代中国与东南亚各国关系档案史料汇编（第 2 册）菲律宾卷》，国际文化出版公司，2004，第 256~257、277 页。

（打狗）设有顺和号、顺源号，顺和号主要经营糖货贸易，在陈福谦去世后被重组为和兴公司，长子陈日翔是主要股东之一。[①] 从各自的家世及经历不难看出，陈日翔和林辂存二人不仅是士绅，而且是同时具备功名和资本的绅商，父辈在仕途及商业方面都已取得一定成绩，实现了功名和资本的紧密结合，无疑为他们接触并熟悉洋务奠定了基础。两人的身份对于公司的创设是有利因素，这一点从华宝制瓷公司最初申办时顺利获得商部批准立案并鼓励开办可以得到佐证。

从前文所梳理的涉及华宝制瓷公司创办过程的一系列报道可以看出，创办公司的波折主要出现在申请专利和招股注册阶段。《时报》报道此事的原话是“事为前黎国廉厦道批驳，以致股友解体，功败垂成”[②]。按照这个说法，是因为专利未被准行而导致招股失败。对于黎国廉不批准专利的原因，《申报》刊文有更为详细的描述，文中称：

> 道宪黎观察阅禀后逐层批斥，谓中国出洋之货，除丝茶外只有磁器大宗，当此商战竞争世界，中国商务幼稚时代，即使鼓舞仿效、急起直追尚且不及，何堪再阻生机？况东西洋专利器物必须前人所未有，该商苦心孤诣经若干年，几耗若干资本，独出心裁，以底于成，国家方许以专利。今该商所禀造磁乃中国上古成法，虽改良仿造亦未便矜为独得之秘，所请专利着不准行。[③]

黎国廉反对的理由有二：一是担心华宝制瓷公司的专利会阻碍其他人仿制洋瓷，影响瓷业振兴；一是制瓷之法源自中国，即便改良样式也不适合尊为独得之秘。事实上，林辂存等人早在申办华宝制瓷公司的禀牍中已经流露出申请专利的意向，禀牍中有这么一段表述：

> 虽然立法必慎、资本必厚，而假冒不得不防，近今商务之弊莫甚于搀夺。夫创一奇艺、立一新式必几费经营，始克成事，及见其获利则此仿彼效，争夺利权，甚或假货混充，希图影射。硕贾灰心，商民裹足，不特远逊外人，且为外人讪笑。今公司之设擘画维艰，幸朝廷特设专部保全商利，故商人乐于从事。为此恳请附奏立案保护牌号，并咨闽浙总督转饬该地方文武各官一体遵照，凡福建已办各处

① 李佩蓁：《依附抑合作？清末台湾南部口岸买办商人的双重角色（1860—1895）》，《台湾史研究》2013年第2期。

② 《将兴制磁公司》，《时报》1905年7月11日，第6版。

③ 《申报》1904年9月3日第11272号，第3版。

听其仍旧办理，其厦门金门各岛如有他人思图此项生理者，非经呈请商部核准不得私自仿制，职商等方可专心讲求，力底于成……①

创办人在禀牍中确切言明的是恳请商部“立案保护牌号”，理由是防止仿冒之类的恶性竞争，但更为重要的，是希望通过这一措施避免厦门金门各岛的其他商民私自从事洋瓷仿制。某种程度而言，林辂存等人向商部禀请的内容已包含专利权。而从“夫创一奇艺、立一新式必几费经营，始克成事”的表述来看，公司创办人认为官方保护的不仅包括所创之“奇艺”，也包括所立之“新式”，具体到华宝制瓷公司而言，可能对应了机器制瓷技术和仿制洋瓷样式两方面。此外，林辂存等人附呈的《福建华宝制磁有限公司章程》第十五条载“本公司现在兴办伊始，几经擘画，拟呈请商部批准注册，转咨立案并代奏请旨饬福建地方官实力保护，俾得永远承办，以杜影射，而保利权，凡福建辖内不得再有他商私仿本公司办法，其已办各处惟听其照旧办理，仍不得袭用本公司样式”②，该章程是与禀牍一同呈报商部的，亦可佐证公司创办人一早就有申请专利之意。

关于华宝制瓷公司申请专利一事，黎国廉与林辂存等人分歧的焦点在于，改良仿造洋瓷样式能不能作为专利。林辂存等人提出，其他商人不能“私仿本公司办法”“不得袭用本公司样式”；黎国廉则认为专利必须是“前人所未有”，改良仿造在他看来不属此类。其实，涉及专利申请的类似事件在当时并非孤例，《商务官报》1906 年与 1907 年刊载的商部驳回扬华织绸公司专利申请之公文可以作为参考进行比照。对于扬华织绸公司的专利申请，商部的回复是对牌号给予保护，但“未便准予专利”，并指出“仿织花样，向无禁例，不得指为混淆”，而且从商部的态度来看，并不禁止其他商人设立采用洋庄丝组织的公司。③ 商部驳回扬华织绸公司的专利申请表明，“花样”“样式”之类并没有被认定为专利，其他商人采用机器生产也不会被禁止，其实质是避免垄断。黎国廉驳回华宝制瓷公司专利申请的理由与之基本一致，也是为了防止垄断，以免阻碍制瓷业的整体进步。但从后续报道中“被前厦门道黎国廉叠次阻挠致未开办”④ 的描述来看，黎道员被形容为华宝制瓷公司开办的阻力，再结合黎国廉任

① 《闽省华宝公司制磁禀牍》，《申报》1904 年 5 月 27 日第 11173 号，第 3 版。

② 《专件：再续福建华宝制磁有限公司章程》，《鹭江报》1904 年第 70 册，第 17 页。

③ 《批浙杭扬华织绸有限公司吴恩元等禀》，《商务官报》丙午第二十八册，第 16 页；《批杭州扬华公司禀》，《商务官报》丁未第二十六册，第 11 页。

④ 《王参议莅勘金门制磁厂》，《时报》1905 年 7 月 1 日，第 6 版。

厦门道期间“未甚得力”[①] 的评语可以推断，他对华宝制瓷公司申请专利及开办等事务的处理大抵没有获得上级的正面评价。

不过，在商部左参议王清穆赴金门考察之后，华宝制瓷公司是否获得专利申请已经不那么重要。因为兴泉永道随后发布谕文，对福建华宝制瓷公司的注册开办提出了多项保护措施，准许公司在金门合法使用土地并获取制瓷原料，“凡公司需用之官地，应准采取，不得阻挠”，“倘系民地执有印契粮食串为凭者，应听该公司按照公平价值酌买，不得故意刁难，居奇高抬”，“该地内确有磁土碗药为公司所需用者，限两个月内自向公司报明，该公司必按公道酌买”。[②] 值得注意的是，陪同王清穆同往的华宝制瓷公司创办人除了陈日翔、林辂存之外，还有陈纲和周之桢。[③] 这两人的姓名在其他谈及华宝制瓷公司的报道中不曾出现过，但考虑到公司最终注册时创办人为林辂存等三位，[④] 故不排除此二人中的一位是实际出资创办人的可能性。陈纲，字紫衍，又字耀秋、京卿，出生于菲律宾，幼年时被送回祖籍地福建同安读书，戊戌进士。其父陈谦善生于厦门，年轻时赴菲律宾谋生，后来成为华商领袖，曾出任小吕宋甲必丹。陈纲本人则于光绪二十四年（1898 年）被任命为驻菲律宾（小吕宋）总领事，但出于种种原因，在任时间不长。[⑤] 周之桢，名寿卿，祖籍惠安，鼓浪屿福音堂牧师，曾是《鹭江报》的编辑人员，他与黄乃裳、林辂存等人倡设女学（厦门高等女子师范学校），民国时期曾前往南洋并为省立华侨学校代招侨生，一些口述史资料显示其兄长也是一名牧师，父亲是晚清举人。[⑥] 从

① 该评语摘自李兴锐的奏片，原话是“福建兴泉永道驻扎厦门，时有洋务交涉事件，措施稍有未当，后来补救即难着手，臣查现署是缺之候补道黎国廉近来办事未甚得力”（《光绪三十年八月京报》，《申报》1904 年 9 月 24 日第 11293 号，第 12 版）。黎国廉于 1904 年初被委任为厦门商政局总办，随即又以候补道署任兴泉永道之缺，起初被评价为“治事精勤，熟习交涉”（《申报》1904 年 1 月 30 日第 11059 号，第 2 版；《申报》1904 年 2 月 1 日第 11061 号，第 2 版；《申报》1904 年 4 月 19 日第 11135 号，第 12 版）。也有报道称华宝制瓷公司未能开办是因“迭被商政局批驳”（《磁窑开办》，《汉文台湾日日新报》1905 年 7 月 12 日，第 3 版），而厦门商政局由兴泉永道担任总办，二者实质没有太大区别。

② 《福建兴泉永道通谕保护华宝制磁公司文》，《北洋官报》1905 年第 739 册，第 3 页，该谕文亦载于《南洋官报》1905 年第 19 册，“实业・二”。

③ 《王参议莅勘金门制磁厂》，《时报》1905 年 7 月 1 日，第 6 版；《实业汇志：莅勘金门制磁厂》，《江西官报》1905 年第 17 期，“选报”二。

④ 《商部乙巳年纪事简明表再续》，《申报》1906 年 2 月 16 日第 11791 号，第 3 版。

⑤ 黄滋生、何思兵：《菲律宾华侨史》，广东高等教育出版社，2009，第 329~332 页；《嫌疑宜避》，《申报》1899 年 12 月 2 日第 9568 号，第 9 版；《厦门路局之人员》，《汉文台湾日日新报》1906 年 8 月 31 日，第 1 版。

⑥ 《周寿卿力让金门牧师》，《鹭江报》1904 年第 83 册，“附录”第 3 页；《女学堂之开设》，《汉文台湾日日新报》1906 年 4 月 20 日，第 1 版；《致厦绅周之桢请便道代招儒生并送旅费百元函》，《福建教育行政月刊》1920 年第 3 期，“公牍”第 8 页；邱艺林：《辛亥革命前后的厦门报刊》，载中国人民政治协商会议福建省厦门市委员会文史资料委员会编《厦门文史资料（第 18 辑）》，1991，第 113 页；向延生主编《中国近现代音乐家传（第一卷）》，春风文艺出版社，1994，第 269 页；厦门晚报社编著《城市记忆——厦门晚报乡土题材作品选》，中国文联出版社，2003，第 450~451、453、467 页。

以上信息可看出，周之桢虽是“厦绅”却非绅商，这一点与前面谈到的几位创办人略有不同，但他牧师的身份无疑对熟习洋务有着积极作用。此外，值得注意的是，对华宝制瓷公司及林辂存、陈日翔等创办人多有报道的《鹭江报》社址位于太史巷，而与该报渊源颇深的《福建日日新闻》也获得林辂存、周之桢的资助，报馆也设在太史巷，[①] 相关报道显示与该报馆比邻而居者“左有布道所，右有印字局，前则宝华（华宝）公司，后则育生洋行”[②]，华宝制瓷公司与报社、洋行等机构紧邻分布在太史巷，以及林辂存、周之桢等人参与和资助报业的情况或许也从侧面反映出公司创办人广泛而丰富的社会关系。

林辂存、陈日翔、陈纲、周之桢四人的家世和经历虽然各异，但创办华宝制瓷公司却非他们唯一的交集，诸多诗文[③]反映他们交游广泛、往来密切，甚或早有共事。王清穆前来考察时，四人陪同前往金门，一方面因为他们是“华宝制磁公司创办人”，另一方面也与他们的绅商身份及人际网络有关。《申报》的一篇报道则显示，陈纲担任厦门商会协理可能得到过王清穆的保举委任。[④] 王清穆当时在闽粤沿海考察的商埠不止厦门一处，林辂存就曾以广东候补道的身份随同前往汕头调查，并受王氏委托调查台湾商务。[⑤] 从这方面来看，华宝制瓷公司的创办者凭借他们在地方社会的人脉、自己的绅商身份以及与朝廷官员的交往，似乎应该在华宝制瓷公司的申办公司过程中获得助益。但实际状况复杂不少，时局之下，家世身份和人际网络甚至有可能转变为他们创办华宝制瓷公司的负累。

1905 年 8 月，福建彩票公司[⑥]的开奖结果被民众质疑，引发骚乱，导致罢市，官员

---

① 《福建日日新闻出现》，《鹭江报》1904 年第 76 册，附录第 2 页；邱艺林：《辛亥革命前后的厦门报刊》，载中国人民政治协商会议福建省厦门市委员会文史资料委员会编《厦门文史资料（第 18 辑）》，1991，第 113、115 页。

② 《福建日日新闻停派原因》，《汉文台湾日日新报》1905 年 10 月 11 日，第 4 版。另，结合前文提到的华宝制瓷公司总局设于太史巷的记载来看，这里的“宝华”当是“华宝”之误。

③ 林鹤年有《送陈耀秋京卿赴小吕宋省亲》诗，林辂存有《和陈耀秋京卿感事诗》，林辂存父子还曾与陈纲同任厦门东亚书院董事（（清）林鹤年撰，厦门市图书馆校注《福雅堂诗钞》，厦门大学出版社，2016，第 417、501 页；《汉文台湾日日新报》1906 年 9 月 8 日，第 1 版）。陈日翔到任小吕宋总领事之前，该职位由陈纲临时担任（黄滋生、何思兵：《菲律宾华侨史》，广东高等教育出版社，2009，第 332 页），陈纲与陈日翔在厦门期间也有往来，两人曾一同为归日的山吉盛义（米溪）赋诗，陈日翔作“次韵”“再叠”，陈纲作“次韵”（《诗界搜罗集》，《鹭江报》1904 年第 68 册，第 19 页），林辂存亦有《敬步米溪词长留别七律元韵》（《台湾日日新报》1904 年 5 月 18 日，第 1 版）、《送山吉米溪先生回日本》（《台湾日日新报》1904 年 6 月 4 日，第 1 版）等诗。

④ 《陈纲撤去卿衔之由》，《申报》1905 年 10 月 12 日第 11670 号，第 3 版。

⑤ 《委托调查》，《汉文台湾日日新报》1905 年 8 月 20 日，第 4 版。

⑥ 该公司位于厦门太史巷，亦于上海等地设有分局（参见福建彩票公司厦门太史巷总公司于 1905 年 5 月至 6 月刊布的广告，如《新闻报》1905 年 5 月 1 日第 5 版）。

出面才缓和局势。[①] 陈纲作为该公司的总理，因彩票闹事案被撤去四品卿衔。[②] 虽然没有直接证据表明陈纲被革职一事影响华宝制瓷公司的招股开办，但从华宝公司于1905年8月14日获准正式注册，彩票事件在八九月间广受关注的时间线，以及陈纲也是华宝制瓷公司创办人（虽然有可能只是名义上的创办人）等线索推测，公司的公开招股可能因为陈纲此时的名誉问题受到牵连，在商民中信任度下降，影响招股募资的进度。

另一个不利因素可能来自林辂存方面，上文已经讨论过林氏的绅商身份和他熟悉洋务的优势，但在特殊的时代背景下，他的家世、身份却也有可能影响华宝制瓷公司的正式招股开办。林辂存之兄林铭存，字资材，号丽生，[③] 曾担任嘉士洋行和大阪商船会社的买办。[④] 光绪三十年至三十一年（1904~1905年），林丽生作为倡建总理之一，入股潮汕铁路公司，出本银50万元，计2500股，[⑤] 后又买下吴理卿的股份，在公司中所占股本共100万元。[⑥] 然而在此期间，林丽生的籍贯身份及入股资金的来源遭到外界质疑。留日学生和潮汕绅商认为林丽生依附于日本人，其入股资金也来自日方——是为“洋股”，林是代洋人投资，而潮汕铁路掺入洋股会导致主权丧失，应当斥退。[⑦] 已有学者根据档案、契约等相关文献对该问题进行研究，指出林丽生投资潮汕铁路公司的资本确实来自日本人，从这个角度来说，其股份确系“洋股”，而他本人则跨籍台湾。[⑧] 虽然当时官方对“洋股”之说未予支持，1905年10月刊发的报道和批示认定并声明林丽生籍贯在福建，其资本属华而不属洋，不容绅民再行阻挠，[⑨] 但关于那些曾经在台湾活动、入台湾籍并与外商交往密切者的身份认知，在当时也许已经引起不少关注和争论，造成了一定的社会影响。林辂存是林丽生之弟，又曾在台湾经商，两人的社交圈也多有重合，不能完全排除林辂存受此风波影响的可能性。

---

① 《福建彩票公司之纷乱》，《台湾日日新报》1904年8月27日，第4版。

② 《福建彩票闹事案近闻》，《时报》1905年9月19日，第6版；《陈纲氏被革除京卿协理》，《台湾日日新报》1905年11月9日，第3版。

③ 庄为玑、王连茂编《闽台关系族谱资料选编》，福建人民出版社，1984，第446页。

④ 《受累若此》，《台湾日日新报》1900年11月22日，第4版；《洋人买办》，《台湾日日新报》1901年2月6日，第4版；《施范其协办大阪》，《汉文台湾日日新报》1906年8月25日，第4版。

⑤ 《潮汕铁路公司章程》，《新闻报》1904年4月25日，第1版；《潮汕铁路有限总公司股份人名册》，《商务报》（北京）1905年第57期，第22页。

⑥ 陈海忠：《晚清潮汕铁路风波与地方社会》，载黄挺主编《潮学研究》第13辑，汕头大学出版社，2006，第115页。

⑦ 《广东留学日本学生上岑制军书》，《时报》1905年1月10日，第7版；《广东留学生日本诸生联名上振贝子书论潮汕铁路入洋股事》，《申报》1905年1月31日第11421号，第9版；《潮汕绅商上商部王参议禀（为潮汕铁路掺入洋款事）》，《申报》1905年7月20日第11586号，第10版。

⑧ 陈海忠：《晚清潮汕铁路风波与地方社会》，载黄挺主编《潮学研究》第13辑，汕头大学出版社，2006，第119~121页。

⑨ 《论争执林丽生籍贯》，《不容阻挠潮汕铁路》，《新闻报》1905年10月15日，第2版。

四　公司续闻

就现有的资料而言，已无从知晓华宝制瓷公司完成招股和正式开办的具体时间点，但 1907 年的几则报道为我们了解该公司后来的动向提供了一些线索。

1907 年 2 月的一则报道称，“金门华宝磁窑公司，其碗药磁料，辄被西教信徒蔡某偷漏运载出口。前经公司总办林景商观察禀请道台，移文金门分县，拿办在案。旋闻蔡某认罚了结。兹查蔡某故智复萌，林总办拟即禀官严惩……”① 从公司备有制瓷原料这点来看，应该已经正式开办，处于生产状态。同年 8 月和 9 月登载的关于金门华宝制瓷公司当事王清江不法之事的报道指出此人怙恶不悛，② “该当事人之所以敢于横行者，专为华宝公司创设之时，其所采制磁原料，经官指定于金门附近，给有文凭。昨虽该处原料不适于用，经公司废弃，然文凭尚未缴还，仍在该当事手里，彼恃有此，故敢横行”，并进一步质疑“不解华宝公司何以不取还文凭，而令彼有恃，以荼毒生民”③。从“昨虽该处原料不适于用，经公司废弃”的表述来看，华宝制瓷公司大概在 9 月之前已经弃用金门的制瓷原料，原料是瓷业生产的必备要素之一，如果华宝制瓷公司没有从他处进口制瓷原料的话，其生产定然难以为继。然而，没有证据显示华宝制瓷公司在别处获得取用磁土、碗青等制瓷原料的文凭，也未见公司从外地运入原料的记载，在此之后也不再有谈及华宝制瓷公司的报道，笔者认为这些信息可能暗示了该公司没有继续开展生产。从 1907 年 2 月碗药磁料被偷运时林辂存准备“禀官严惩”，到 9 月对负责制瓷原料的当事王清江“不取还文凭，而令彼有恃”，公司的态度前后反差颇大。不再进行瓷器生产而对负责原料的相关人员疏于管理或许是原因之一，但联系民国年间的一份公文来看，或许还能得出另一种解释。

《福建建设厅月刊》1931 年第 5 卷第 6 期载：

福建省政府建设厅批：

具呈人周之桢等

呈为组织制瓷公司，改良瓷业，请将金门县辖所产之瓷涂瓷墨概归本公司采用由。

呈悉。查瓷涂瓷墨，即系磁土，属于矿业法第二条所列矿质，无论政府人民，

① 《教件交涉》，《汉文台湾日日新报》1907 年 2 月 8 日，第 3 版。

② 《猛虎添翼》，《汉文台湾日日新报》1907 年 8 月 18 日，第 3 版。

③ 《有恃而为》，《汉文台湾日日新报》1907 年 9 月 13 日，第 4 版。

均应依法取得矿权，方能开采，关于金门磁土，前准省党部据该县党务指导委员会呈请，会同县政府开采一案；函厅查饬办理，当经令县查复，尚未据报。据呈前情：应候令行金门县政府查复，如县政府不能开采，即准该呈请人依法请采可也。附发矿业法一本，仰即遵照！此批。

（民国）二十年六月廿三日[①]

1931 年距离华宝制瓷公司创设已有 20 多年，虽然无法确认这里的“周之桢等”还包括谁，可以肯定的是林辂存（1879—1919 年）此时已不在人世，而这份公文里所说的“组织制瓷公司，改良瓷业”是否与华宝制瓷公司还有关联也无从探究。值得注意的是，周之桢等人此次呈请之目的是开采金门的“瓷涂瓷墨”，批文中称此“即系磁土”其实是不恰当的，“瓷涂”当是瓷土，而“瓷墨”指的应该是上色用的青料，即氧化钴（Cobalt Oxide），也称“碗青”[②]，上文提到“碗药磁料”中的“碗药”指的也是青料。林辂存奏请创办华宝制瓷公司的禀牍中曾有“金门一岛，此种瓷土及碗药等能供渲染之件，尤称美备”[③] 之语，这与后来关于王清江的报道中所说的“该处原料不适于用，经公司废弃”不免前后矛盾，再结合禀牍中“金门官管各山有磁土及碗药等项，请归本公司采用制造运售”[④] 的请示和公司章程第十一条所云“自今制造，不拘年数，总以土尽为止”[⑤]，笔者认为，无论是林辂存等人当初创办华宝制瓷公司还是后来周之桢等“组织制瓷公司”，比起生产瓷器、改良瓷业，其更深层的用意可能在于开采制瓷原料，特别是获取青料。事实上，金门的青料在清朝早中期就已为人所知，采掘者也十分清楚它的价值。《金门志》载，“（双山）下产碗青，村民凿取，多成阱，经知县朱奇珍及总兵林孙勒石示禁，道光十年，获总兵杨继勋捐雇工砌平之”[⑥]，“碗青”条亦载“生金门地中，平林、后湖等乡多有之，居民穴地采取，用以染画磁器。大如碗、小如弹，佳者百斤值银数十两，下者数两”[⑦]。而且金门的青料还被运销至他邑使用，根据《马巷厅志》的记载，“碗青，金门古湖琼林掘井口取之，江西景德及德化、宁德各窑所需”[⑧]，不难看出金门的青料本身就是一种颇有价值的资源。

华宝制瓷公司对蔡某偷运碗药磁料一事态度明确，处理迅速，表明公司对制瓷原

① 《福建建设厅月刊》1931 年第 5 卷第 6 期，“公牍”第 45~46 页。
② 叶仲南、戴泰衡编《五金手册》，上海机电图书出版社，1953，第 334 页。
③ 《广东职商林辂存等创设华宝制瓷公司恳请商部附奏立案禀并批》，《南洋官报》1904 年第 60 册，第 5 页。
④ 《广东职商林辂存等创设华宝制瓷公司恳请商部附奏立案禀并批》，《南洋官报》1904 年第 60 册，第 5 页。
⑤ 《专件：再续福建华宝制磁有限公司章程》，《鹭江报》1904 年第 70 册，第 17 页。
⑥ （清）林焜熿：《金门志》，台湾大通书局，1984，第 9 页。
⑦ （清）林焜熿：《金门志》，台湾大通书局，1984，第 32 页。
⑧ （清）万友正：《马巷厅志》，成文出版社，1967，第 104 页。

料（尤其是碗青）相当重视；对公司任用的负责采办制瓷原料的当事人王清江则未加约束，采取相对放任的态度，没有向他收回文凭，或许是利弊权衡之下的考量：在宣称已经弃用此处原料的情况下，假如取回文凭，可能意味着需要将之交还官府，也就失去了采用碗药磁料的权利；而保持现状的话，至少在名义上仍有资格开采制瓷原料（尤其是碗青），为获取瓷业资源或恢复生产留有余地。

五　结语

林辂存等人创办的华宝制瓷公司是清末新政时期福建地区瓷业改良之先驱，但从现有的资料来看，该公司的实际生产和经营时间并不太长，创办者们在改良瓷业之外可能还注意到了制瓷原料的价值。由于申请专利和招集股本受挫，华宝制瓷公司在较长一段时间内处于创而未办的状态，但创办者们提倡参习国外生产技术、改良产品样式、使用机器制造以挽回利权的理念和为创办公司所做的努力无疑是对清末实业振兴思想的宣传和实践，为厦门的实业发展打下了一定基础。本文的梳理和分析，让我们对清光绪年间福建华宝制瓷公司的创办过程有了更加清晰的认识，也补充了清末福建制瓷业改良及近代厦门瓷业探索方面的史料。

17 世纪荷兰殖民者在圭屿的活动初探

方碧勇*

摘要： 圭屿是明代漳州海澄月港的门户。本文首先论证 17 世纪荷兰文献中的“有塔之岛”是圭屿，再通过爬梳《东印度航海记》《雷理生司令官日志》《荷兰联合东印度公司台湾长官致巴达维亚总督书信集》《热兰遮城日志》等荷方文献相关记载，对照《明季荷兰人侵据彭湖残档》《崇祯海澄县志》《乾隆海澄县志》《道光厦门志》等中国古籍方志，初步考察了 1622 年、1623 年、1630 年等年度荷兰东印度公司舰队在圭屿进行的战争、谈判、勘察等活动，揭秘了厦门一段鲜为人知的中外交往史。

关键词： 圭屿　荷兰　中外交往

圭屿，今名鸡屿，是一座面积不到 1 平方公里的无居民海岛，位于今天厦门市海沧区海沧街道以南的九龙江口海域。该岛东距厦门岛 6.3 公里，西至龙海市海澄镇约 17 公里，扼守九龙江入海口，是明代中后期“海上丝绸之路”始发港漳州海澄月港的门户，明清时期岛上建有古塔，早已圮坏。

一　“有塔之岛”是圭屿，而非浯屿

在有关 17 世纪荷兰殖民者在闽南沿海活动的文献中，有座“有塔之岛”（Eijlant van de pagode）[①] 频频亮相。有些学者将该塔译为或指为浯屿岛。但实际上，浯屿岛上自古以来并未有塔，此说有误。

笔者仔细爬梳比对史料，发现有充分资料证明记载中的“有塔之岛”不是浯屿岛，

---

* 方碧勇，厦门市集美区公务员，厦门市政协特约文史研究员，研究方向为大航海时代厦门对外交往史。

① 江树生主译/注《荷兰联合东印度公司台湾长官致巴达维亚总督书信集 I，1622—1626》，台湾文献馆，2010。

而是圭屿。

理由如下。

第一，“有塔之岛”与浯屿岛各有其名。在荷兰殖民者所写的《热兰遮城日志》[①]中译本所附地名索引中，浯屿岛的荷文作 Gousu，与闽南语中浯屿发音基本一致。“有塔之岛”则另有一名为 Coissu，与闽南语中浯屿发音相差甚远，而更接近于龟屿，龟屿是圭屿的别名。

第二，海图上明确记载了“有塔之岛”和浯屿为两个不同的岛。在《利邦上尉东印度航海历险记》附注中所附的图的图说里明确说，“H—浯屿，我方船只经常在此岛前停泊并交易”，“K—有塔的岛，在九龙江的第一个狭窄处”。[②] 该图出自《雷希特伦航海日志》（*Voyage de Seyger van Rechteren*，1628—1633），与上述《热兰遮城日志》属于同一时代，可互相印证。且该图 K 的位置基本与圭屿的位置一致，基本可证“K—有塔的岛”就是圭屿。

第三，“有塔之岛”的地貌更接近于圭屿，而非浯屿。根据荷兰殖民者实地登上“有塔之岛”勘察后的记录（详见后文），该岛有塔、有废弃城池、无村落，与圭屿明末情况相同，而与无塔、有城、有村落的浯屿相差甚远。

第四，文献可排除荷兰殖民者误认南太武山延寿塔在浯屿岛的可能性。浯屿岛上无塔，但离浯屿岛直线距离约 8 公里的南太武山上则有一座延寿塔，建于宋代，是九龙江口海域的航标。有些学者误认浯屿岛为“有塔之岛”，可能是受到该塔的干扰，认为荷兰殖民者因该塔离浯屿较近，误以为该塔在浯屿岛上，故将浯屿岛称为“有塔之岛”。但实际上荷兰殖民者是清楚太武山和浯屿岛的区别的，不会发生误认，而且因为荷兰殖民者未登上太武山实地踏勘，将延寿塔记为塔状的大石头。如前引《雷希特伦航海日志》附图里记载，“L—（南）太武山，上面有一方形大石，貌似一座塔般竖立，寻找九龙江时，是非常便利的识别标志”[③]。

而据《崇祯海澄县志》明代相关史料，至迟在 1617 年，圭屿上的圭屿塔已建成，中西文献可互为印证。

行文至此，九龙江口海域的圭屿、浯屿、南太武山三个重要地标关系基本厘清，可推断荷兰文献中的“有塔之岛”就是圭屿。以“有塔之岛”是圭屿作为线索重新释读荷兰殖民者于明末清初在九龙江口海域的活动记录，可对 17 世纪中荷双方在厦门及其周边海域的交锋与交往的历史，特别是海上力量的消长得出更清晰的认识。

---

① 江树生译注《热兰遮城日志（第一册）》，台南市政府，1999。

② 利邦：《利邦上尉东印度航海历险记》，赖慧芸译，远流出版社，2012。

③ 江树生译注《热兰遮城日志（第一册）》，台南市政府，1999。

二　1622年底：荷船入侵

1622年7月，荷兰东印度公司司令官莱耶尔策（又译雷理生、雷尔松）率12艘海船组成舰队闯入台湾海峡，侵占澎湖群岛，并向中国明朝福建官方提出通商和切断中国—马尼拉贸易的要求。福建官方严词拒绝了荷兰东印度公司的要求，并要求侵略者撤出澎湖群岛。11月，莱耶尔策派遣商务员尼乌文罗德率5艘海船组成的舰队侵入九龙江口海域。该舰队"格罗宁根号"船长邦特库写的《东印度航海记》一书详细记载了荷方此次入侵行动。据其记载，11月28日、29日，荷兰舰队两次进犯厦门岛，均被击退。11月30日、12月2日，荷兰舰队派兵登陆鼓浪屿烧杀劫掠。12月3日，荷兰舰队抵圭屿。邦特库写道：

我们航行到了另外一个岛，岛上有一大塔。我们在那里没有见到人；抛锚在满潮时水深五哼半的地方，到了黄昏落潮的时候，我们发现船已牢牢地拴在那里；看来有一股很强的水流在这里进进出出。就在那天晚上，中国人顺着潮水向我们放出两只火船。它们漂流到了停泊在我们上游的"熊"号附近。其中一只火船，似乎直向我们的船首冲来，使我们船上的人惊恐万状。大家聚集在甲板上，议论纷纷。但是我肯定它不会碰到我们，所以并不那么焦急不安。商务员尼乌文罗德站在我的附近，说道："船长，让他们把缆索割断吧。"我告诉他，我们傍岸停泊，不宜割断缆索，否则必然会使我们丧失这艘船，而且还告诉他，那艘中国帆船不会碰到我们。但是那帆船正在接近我们，商务员认为它必将撞到我们，就大叫："割断绳子！割断绳子！"而我则向他高呼："不要割，割断了绳，就没有船了。那条船不会碰到我们，不要割啊！"商务员看到船员们已经开始在割绳索，但又停了下来，听我的话，于是就大声对我说（好象那艘中国帆船即将撞到我们船上来似的）："邦特库船长，瞧，这是你的过失。我一定要使你受到惩罚。"但是我仍旧害怕船员们要割断缆索，又高呼："它不会来，它不会来，不要割，不要割啊！"果然如此，它距离我们停泊的地方有那么宽的一个空档，所以对当时斜挂着的主帆下桁都没有碰到，虽然中国帆船的桅杆远远高过我们的帆桁。只有系在我们船尾的舢板着了火，我们就割断绳索让它漂流出去，这样，它不会再接近我们，肯定是好事。这是一个恐怖的景象，因为那艘中国帆船烧得非常猛烈，似乎船上装满了硫磺，它很快会把我们解决掉。我曾把橹从这一面移转到那一面，因而使船体从抛锚处转了个身，这是（除了上帝保佑外）中国帆船没有碰到我们的唯一原因。[①]

12 月 4 日，荷兰舰队即离开了圭屿。

关于荷兰舰队此次入侵圭屿，中方文献有以下记载。

《明实录》第四七四册《熹宗实录》卷二五记载：

福建巡抚商周祚奏：……已遂入泊圭屿，直窥海澄。我兵内外夹攻，夷惊扰而逃。已复入厦门，入曾家澳，皆实时堵截，颇被官兵杀伤。[②]

《崇祯海澄县志》卷十四《寇乱》记载：

天启二年，红夷既荐食彭湖，拥数巨舰由鹭门入迫圭屿。沿海居民望风逃窜。邑令刘斯琜所为居守计甚备。夷挂帆遁归。[③]

《乾隆海澄县志》卷十八《寇乱》记载：

天启二年，红毛据澎湖，入厦门迫圭屿，守备高冠先遁，知县刘斯琜却退之。[④]

《乾隆海澄县志》卷二十四《丛谈》记载：

天启二年，红毛寇澄，守备高冠谓刘令斯琜曰，贼横行海上，以其旷耳。若入内地，正好用奇制之。及贼艘泊岸，冠先遁，所部兵与逃民争道，挤老幼颠仆，妇女诟曰，若御贼者，亦逃贼乎。答曰：我辈遇贼必死，若等犹可冀生，盍让我先。冠至城下急叩门求入。令曰用奇者固若是乎，人传为笑语。[⑤]

综合双方记载，大致推断此战过程为：明军海澄、圭屿守军已提前布防，但当荷兰舰队来袭时，明军将领守备高冠竟望风而逃，手下官兵随之溃逃，一路从圭屿逃回

---

① 〔荷〕威·伊·邦特库：《东印度航海记》，姚楠译，中华书局，1982。

② 《明实录》第四七四册《熹宗实录》卷二五，转引自《明季荷兰人侵据彭湖残档》。

③ （明）张燮等：《崇祯海澄县志》卷十四。

④ （清）陈锳、叶廷推等：《乾隆海澄县志》卷十八。

⑤ （清）陈锳、叶廷推等：《乾隆海澄县志》卷二十四。

海澄县城。荷兰舰队不战而取圭屿。当夜，知县刘斯琜组织火船夜袭停泊在圭屿的荷兰舰队，给予荷兰舰队很大震慑，但战果并不多，仅烧毁了海船附带的舢板1艘。

前述1622年11月28日、29日荷兰舰队两次进犯厦门岛之战，据至今仍保存于厦门鸿山寺崖壁的《鸿山寺徐一鸣攻剿红夷石刻》记载：

> 天启二年十月二十六等日，钦差镇守福建地方等处都督徐一鸣，督游击将军赵颇、坐营陈天策，率三营浙兵把总朱梁、王宗兆、李知纲等到此，攻剿红夷。[①]

《古今图书集成·方舆汇编·职方典》第一千一百一十卷记载：

> 二十五日，夷船五只移泊厦门港。徐总兵乃分布诸将于水陆以俟之。复与赵游击登墩台以观诸将进止。有朱继荣三人不候风潮，领火船进战，离夷船里许辄放火，反自焚，官兵驾舟而逃，损威示怯。徐为立威，诛三人以徇。红夷百余人遂以小舟登岸，铳弹齐发，官兵伤溃。徐总兵躬亲督战，官兵奋勇攻击，夷始暂退。二十六日，复驾五船竟进中左港泊教场边，离城咫尺，官兵潜逃，士民奔窜。徐乃令所官借洋商铁匠锐器与夷相击，各有损伤。至夜，其船始移泊古浪屿。越两日复战，杀其二人，余多被伤。夷众始遁，或过海沧，或入厦门港，或入旧浯屿。[②]

将石刻和文献记载相结合后，可见此番徐一鸣主持的厦门防卫作战，尽管阻止了荷兰殖民者登岸，但并未给予侵略者太大打击。

三 1623年初：中荷谈判

战争持续至1622年12月底，中荷双方临时停战。1623年1月初，莱耶尔策决定从澎湖群岛到大陆与福建官方高层直接谈判。1月7日，莱耶尔策率4艘海船抵达并停泊于圭屿。1月9日，莱耶尔策率数名随员乘中国帆船自圭屿抵达厦门。1月10日，莱耶尔策拜会了厦门都督（可能是福建总兵徐一鸣或副总兵张嘉策），并许诺如果厦门的官员为其游说，将赠送给明军2门青铜炮、2门铁炮和6支步枪。1月11日，莱耶尔策

① 何丙仲编纂《厦门碑志汇编》，中国广播电视出版社，2004。

② （清）陈梦雷等：《古今图书集成》第147册《方舆汇编·职方典》第一千一百一十卷。

返回圭屿，决定率3名随员前往福州面见福建巡抚。1月12日，莱耶尔策一行自圭屿再抵厦门。1月14日，莱耶尔策从厦门前往福州，先乘船，再乘轿或骑马，当晚抵达同安（Tangoua）。接下来，大概是由于福建官方高层之间对荷兰使者的安排有争议，莱耶尔策一行的动向有点飘忽不定。1月15日向东抵达大盈（Tovia），1月17日又返回同安，停留数日后又向西前往漳州江东（Cantan），1月23日夜抵达苎溪（Taike），1月24日经深青（Sintheeuw）于下午抵达江东拜会了一位道员（驻漳州的福建海道或漳南道），1月25日午后又折回向东前往福州，当天半夜到达深青，1月26日经同安抵达大盈。之后又经过约10日旅途，经泉州（T'souijtsou）、洛阳村（Lo-jang）、惠安（Honyonga）、涂岭（Thouuia）、枫亭（Hongding）、兴化（Hinghwa）、蒜岭（Sounia）、大田驿（Taytsienjo）等地，2月6日抵达福州。2月7~12日，莱耶尔策一行在福州拜会了福建巡抚、布政司等官员，进行了谈判。[①] 关于谈判情况，莱耶尔策写道：

> 我们去到福州以后，先去见过8个官员，向他们请求如上述事情，他们不能允许我们在澎湖交易。随后我们被带去见首长都爷（按：即巡抚），他也说，他完全不能准许我们在澎湖交易，不过他愿意让2艘戎克船（按：即中国帆船）去巴达维亚（按：即今印度尼西亚雅加达，当时为荷兰殖民据点），并派2个使臣带一封信搭该船去跟您阁下（按：即荷兰东印度公司巴达维亚总督科恩，又译顾恩、库恩）商谈签约，因为我们告诉他和其他人，我们无权自行离开澎湖。[②]

2月13日，莱耶尔策离开福州，原路返回。2月19日中午抵达同安，夜间抵达苎溪。2月20日上午抵达深青，晚上到达漳州江东（Cantangh，与前述Cantan应是同一个地名），得知仍有2艘荷兰海船停泊在圭屿。2月21日，告别前述道员，晚上乘舢板离开江东，因水流问题中途停顿，到22日才抵达停泊在圭屿旁的荷兰海船。莱耶尔策本拟立刻返回澎湖群岛，但随后又以风向不利于航行为由继续滞留圭屿，实则是为了观察明朝官方是否按许诺派出使者前往巴达维亚。其间，厦门的将官和漳州的道员多次派人到圭屿催促荷兰殖民者尽快离开。3月11日，明朝官方代表小校（指低级军官）陈士瑛率两艘中国帆船从九龙江口海域前往巴达维亚。3月13日，莱耶尔策将之前承诺赠送给明军的火炮交给明军代表，由圭屿运往厦门（在莱耶尔策自圭屿往返福州期间，荷兰方面向明军赠送了2门铁炮和6支步枪，但2门青铜炮拖延未给。至此时方以

① 林伟盛译《雷理生司令官日志》，《台湾文献》第54卷第4期，台湾文献馆，2003，第242~282页。

② 江树生主译/注《荷兰联合东印度公司台湾长官致巴达维亚总督书信集Ⅰ，1622—1626》，台湾文献馆，2010。

另外一种火炮代替青铜炮交付明军）。同日，莱耶尔策乘船由圭屿前往澎湖群岛，但风向不利，在圭屿北边二三个小岛，水深约 12 英寻的软土处下锚。3 月 14 日，风向转好，莱耶尔策乘船顺利出发，于 15 日到达澎湖群岛。[①] 本轮停战谈判告一段落。

在圭屿停留期间，3 月 5 日莱耶尔策在停泊圭屿旁的荷兰海船“英国熊号”上给巴达维亚总督科恩写了封信汇报与明朝方面的战争、谈判情况。这封信交给了当日从圭屿出发的荷兰海船“圣尼古拉斯号”，该船于 4 月 13 日抵达巴达维亚将信交给科恩。[②]

关于本轮谈判，中方文献有以下记载。

《明实录》第四七四册《熹宗实录》卷二五记载：

> 福建巡抚商周祚奏（天启三年正月二十四日）：……进无所掠，退无所冀，于是遣人请罪，仍复求市。盖虽无内地互市之例，而闽商给引贩咬𠺕吧（按：即巴达维亚）者，原未尝不与该夷交易。今计止遵旧例，给发前引原贩彼地旧商，仍往咬𠺕吧市贩，不许在我内地另开互市之名，谕令速离彭湖，扬帆归国。如彼必以候信为辞，亦须退出海外别港以候。但不系我汛守之地，听其择便抛泊。[③]

《崇祯海澄县志》卷十四《寇乱》记载：

> 后诸将与夷连和，驿送夷酋高文律往还榕城。其归舟欲入澄。刘令严拒之。仅望涯而返。[④]

《全边略记》卷九记载：

> 十月，夷舟复入中左所……未几，红夷目高文律藉通事洪庆宇为好言，献其大铳二门、小铳五门为质，求互市，愿徙大舟还本海，周祚遣方舆督之，必堕彭湖城始准复咬𠺕吧之市。[⑤]

《古今图书集成·方舆汇编·职方典》第一千一百一十卷记载：

---

① 林伟盛译《雷理生司令官日志》，《台湾文献》第 54 卷第 4 期，台湾文献馆，2003，第 242~282 页。

② 程绍刚译注《荷兰人在福尔摩莎》，联经出版事业公司，2000。

③ 《明实录》第四七四册《熹宗实录》卷二五，转引自《明季荷兰人侵据彭湖残档》。

④ （明）张燮等：《崇祯海澄县志》卷十四。

⑤ （明）方孔炤：《全边略记》（收入《四库禁毁书丛刊》，影印崇祯元年刊本），卷九，第 70~72 页；转引自《明清之际红夷大炮在东南沿海的流布及其影响》，《历史语言研究所集刊》第 81 本，第 4 分，2010。

> 知我有备，始放始掳渔民称求和。夷目眠达大、多默、石黎哥、麻了决、石井通事洪玉宇（注：与上引史料洪庆宇为同一人）等听原遣方舆、谢湖、江前和带诣院、镇、司、道审明，愿将各船退泊外洋，候本省发船二只往咬嚼吧互市。前此造城建屋在澎湖者，即令原遣官督夷众拆毁。时人心汹汹，因得少安云。[①]

实际上在本轮停战谈判期间，邦特库等人仍率“格罗宁根号”等海船在南澳附近不停劫掠，海面上仍不平静。且荷兰舰队并未撤出澎湖，让商周祚向皇帝的奏报成了空谈。因此，朝廷决定撤掉商周祚，派南居益担任福建巡抚，改抚为剿。而荷兰东印度公司与中国通商，以及切断中国-马尼拉贸易的目的也未能实现。

中方文献说，莱耶尔策向商周祚承诺愿撤出澎湖群岛，恐怕是因为翻译上下其手，没有如实翻译的结果。

四　1623 年底：计焚荷船

在发现未能通过谈判达到目的后，1623 年 10 月，莱耶尔策派弗朗斯率由 4 艘荷兰海船组成的舰队由澎湖群岛进犯闽南沿海。10 月 28 日，荷兰舰队驶抵圭屿。

邦特库在《东印度航海记》中写道：

> 二十八日，我们抵达上述河流，在那个有宝塔的岛下抛锚停泊，岛上居民都已逃跑，只留一个老头儿，他被我们发现了。我们（遵照命令）扯起一面白旗，让它飘扬空中，希望厦门方面会有什么人来同我们通话。[②]

10 月 30 日，弗朗斯致信厦门都督（疑指新任福建副总兵俞咨皋），派前述中国老人将信送去厦门。11 月 1 日，一位中国商人薛伯泉到圭屿造访弗朗斯后离去。11 月 3 日，薛伯泉又与一位中国隐士一同到圭屿造访弗朗斯，隐士向弗朗斯表示愿意帮助荷兰殖民者说服都督通过谈判解决问题。在隐士斡旋下，弗朗斯与都督进行两轮书信交流。都督提出，如果荷兰殖民者真心通商，就应该派一名船长到他那里去正式签约。11 月 14 日，弗朗斯率“默伊登号”和“埃拉斯默斯号”两艘海船前往厦门，15 日抵达厦门，而邦特库和另两艘船仍在圭屿旁停泊。

---

① （清）陈梦雷等：《古今图书集成》第 147 册《方舆汇编·职方典》第一千一百一十卷。

② 〔荷〕威·伊·邦特库：《东印度航海记》，姚楠译，中华书局，1982。

弗朗斯率船抵达厦门后，经过两轮磋商，明朝官方佯装答应荷兰东印度公司通商条件，并劝说荷方几名船长到厦门岛上的都督府同都督当面签约立誓。11 月 17 日，弗朗斯率若干名随员共同登岸，岸上也摆起了丰盛的酒席招待荷兰水手。弗朗斯登岸后即被明军囚禁。其他荷兰水手毫不知情，吃完酒席就回到了两艘船上。11 月 18 日凌晨，明军出动 50 艘火船夜袭荷船，一举烧毁了"默伊登号"，"埃拉斯默斯号"甩开火船，逃回圭屿。当日，为了避开明军火船威胁，荷兰舰队剩余 3 艘海船离开圭屿，前往九龙江口海域其他地方停泊。[①] 随后，荷兰舰队在闽南沿海展开了报复行动，但并未取得太大战果。

此次厦门火烧荷兰海船之战，中方文献有以下记载。

《明季荷兰人侵据彭湖残档·彭湖平夷功次残稿（二）》记载：

> 会今任总兵俞咨皋受副将之命，于是悉以剿夷专任之，而日与守道朱一冯、海道孙国祯、总兵谢弘仪、同知赵纾、何舜龄、推官林栋隆、知县李灿然等密计攻剿。遂于本年十一月焚夷巨舰一只，生擒酋长高文律等五十二名，斩首八颗，其夷众死于海涛及辎重沉溺者俱无算。[②]

至今仍保存于厦门白鹿洞寺的《白鹿洞寺朱一冯攻剿红夷石刻》记载：

> 天启癸亥年十一月，广陵朱一冯以督师剿夷至。[③]

至今仍保存于厦门白鹿洞寺的《白鹿洞寺赵纾攻剿红夷石刻》记载：

> 天启癸亥冬，晋阳赵纾督征到此。[④]

石刻记载显示，朱一冯、赵纾在 1623 年底抵达厦门岛，均参与了筹划计焚荷船之事，与明代档案可互相印证。

《明季荷兰人侵据彭湖残档·总督仓场户部右侍郎南居益谨陈闽事始末疏》记载：

---

① 〔荷〕威·伊·邦特库：《东印度航海记》，姚楠译，中华书局，1982。

② 周宪文等编《台湾文献史料丛刊》第六辑，人民日报出版社，2009。

③ 何丙仲编纂《厦门碑志汇编》，中国广播电视出版社，2004。

④ 何丙仲编纂《厦门碑志汇编》，中国广播电视出版社，2004。

乃多方用计，诱夷舟于厦门港口，生擒夷首高文律等，并斩级六十名，用火攻毁其舟，夷卒之死于焚溺者无算，精锐略尽，气势始衰。余党之在彭湖者，奄奄釜鱼，知其无能为矣。乃具疏以闻，且言擒获夷首高文律等，俟荡平之日，俘解阙下，听候宸断，以威四夷。奉熹宗皇帝圣旨：该省剿夷奇捷，南居益运筹制胜，懋著勤劳，总兵官用心督率，并有功文武将吏，俱候事平优叙。兵部知道。钦此。[①]

其中，计诱荷船的隐士为厦门士人陈则赓，关于陈则赓，中方文献有以下记载。《明季荷兰人侵据彭湖残档·彭湖平夷功次残稿（一）》记载：

标下赞画生员陈则赓，夙负鸿猷，敢尝虎口，雅抱不轻投笔，长筹预定止戈。[②]

《明季荷兰人侵据彭湖残档·兵部题“彭湖捷功”残稿》记载：

标下赞画生员陈则赓，妙算风生羽扇，奇谋云涌旌旄，效着焚舟，功成扫穴。[③]

《道光厦门志》卷十三《隐逸》记载：

陈则赓，号锡墀；官兜社人。郡诸生，长史则采弟。聪敏多智。泰昌庚申（按：此处纪年有误，应是天启壬戌），红夷窥中左所，则赓以计靖之。天启二年壬戌（按：此处纪年有误，应是天启癸亥）复至，总兵徐一鸣（按：此处应为副总兵俞咨皋）率师来厦，则赓赞画军门，谓“夷性反覆，宜剿抚并用”。乃诡词议抚，克日出家赀募敢死士，椎牛酒置毒入夷舟遍觞之；且曰：“今日互市成，中外胥福；盍姑尽醉?”夷喜，饮。则赓急下小艇，趋舟师挟所制油蓑，直扑其舰；乘风纵火，夷众歼焉。台省交章论荐，叙功第一。予官不受，并不赴举闱，豪放山水间以老。[④]

① 周宪文等编《台湾文献史料丛刊》第六辑，人民日报出版社，2009。

② 周宪文等编《台湾文献史料丛刊》第六辑，人民日报出版社，2009。

③ 周宪文等编《台湾文献史料丛刊》第六辑，人民日报出版社，2009。

④ （清）周凯：《道光厦门志》卷十三。

五　1630年初：踏勘圭屿

1624年，南居益发兵收复了澎湖群岛。荷兰殖民者退出澎湖群岛，转而侵占台湾南部，在今天的台南市建立殖民据点热兰遮城。

荷兰东印度公司要求热兰遮城的台湾长官逐日记下殖民地所发生的点滴事情，以日志的形式寄往巴达维亚，再转送回荷兰，形成了日志合集《热兰遮城日志》。

《热兰遮城日志》中记载了1629~1630年，荷兰殖民者在厦门、鼓浪屿、圭屿一带的活动。

这一时期，控制厦门的是抚而后叛的海盗势力李魁奇，与之敌对的是已接受明朝招安的郑芝龙势力。荷兰舰队与李魁奇、郑芝龙接触后，经反复权衡，选择同郑芝龙势力及明朝官方联手消灭李魁奇。1630年2月9日，郑芝龙、叛离李魁奇的钟斌与荷兰舰队联手进攻厦门，李魁奇惨败，不久被钟斌生擒。在明朝官方默许下，郑芝龙发出通告，允许厦门的商人同荷兰舰队贸易。荷兰舰队因此也在九龙江口海域逗留了较长时间，并对部分海域、岛屿进行了仔细勘察。

《热兰遮城日志》记载：

(1629年) 12月30日。长官阁下搭快艇Slooten号出发前往大员。天气晴朗，吹北风。今晚得悉，有一个李魁奇的部将钟斌 (Toutsailacq)，率领三十艘大戎克船停泊在有塔之岛，又称为Wangsan的岛下方，要来对抗李魁奇。

……

(1630年) 2月28日。昨天长官普特曼斯阁下派遣几个舵手，搭一艘中国船去观察厦门岛的周围，并去探测那里的水深，这些舵手今晚回到船上。他们发现，整个沿岸的靠岸地带，以及该岛的东端外海，都充满石头和暗礁，即使涨潮的时候，白天开快艇去那里也会有危险。其他外海则安全而且水很深。

3月1、2日。有几个商人带瓷器、明矾等货物来船上。天气很好，大多吹北风。今天上述舵手们再次来到船上，他们去探测漳州河 (按：指九龙江口海域) 南岸沿海的水深，也去测过快艇Slooten号失事的地方，那里距离海岸有一个步枪的射程，那里水深有5、6呎，而沿该步枪射程的比较靠近海岸那里，水深有15、16呎，因此显然那里有一道水沟。上述快艇的锚大概是垂落下坡那边，以致船无法停止，而去撞上暗礁。而那两艘戎克船失事的地方那个海湾，到处都是石头和暗礁，所以那里面船是不可进来的。从上述那个海湾到那个有塔的岛，水很安全

【指水中没有石头暗礁等危险物】。该海岸的稍微外面，顺着该河北上、直到这个岛【当指厦门岛】的北边三分之一浬处的该河南岸，可以通航快艇，再上去就不能航行了。这个岛的北边，低潮时，水深一哼半。

3 月 3 日。长官普特曼斯阁下航往鼓浪屿（Colomsou），环绕观察了该岛，也令几艘戎克船去停在岸边，看看能否从该岛取得大员非常需要的木板及木梁。晚上长官阁下回到船上。

……

3 月 11、12、13、14 日，忙着在出售胡椒、象牙、檀香木等我们的商品给几个商人，并收购运到船上来的货物。今天长官普特曼斯阁下带着随从航往浯屿（按：此处翻译有误，应为圭屿）（Coissu）岛，即那个我们称之为“有塔之岛”，去从各方面观察该岛。看到立在该岛上的那个塔，完全没用木料，都用砍锉而成的石头建造的，有七层楼台，高 150 呎，下面周围 40 步。岛上还有个堡垒、连接着两个四角形的碉堡，大部分都用砍锉而成的石头建造的，周围有 900 步；墙高达 11 呎，墙上有 4 呎高的胸墙，墙宽 3、4 到 5 呎，墙的内外两面都用石头建造，中间用土和沙填满；那两个碉堡各造在一个高地上，但该塔所在的那平地比这些高地还要高，所以应该是从那里指挥这些碉堡，否则碉堡就没用处了。这个岛硗瘠多石，树木稀少，没有淡水，只有在该塔附近海边的低处有一口井；那里有几间房屋，但没人居住。今晚长官回到船上。

3 月 15、16 日。长官普特曼斯阁下航往鼓浪屿，要去派人装载一些大员为了建造城堡所需要的石头和水泥。强风寒冷的天气。

……

5 月 13 日。……今天戎克船（按：即中国帆船）浯屿（按：此处翻译有误，应为圭屿）（Coissu）号与鼓浪屿（Colomsou）号也从漳州河来到此地，所载的东西，大部份（分）是石头和粗大的木板，以及一些商品，也带来商务员特劳牛斯的一封信。①

关于当时圭屿上的塔和其他建筑，中方文献记载如下。

《崇祯海澄县志》卷一《舆地志·山川》记载：

圭屿，屹立海中央，为漳之镇。俗名鸡屿。或云状如龟浮波面，故亦名圭屿。隆庆间郡丞罗公拱辰为城八面以象八卦，名曰神龟负图。后势豪驱石以缮私城，

① 江树生译注《热兰遮城日志（第一册）》，台南市政府，1999。

远近为之浩慨。士大夫咸以复城建塔于阖郡形胜为宜。周公起元以侍御里居，醵金鸠工，诸当道咸力主其事。塔成并构天妃宫、文昌祠、大士阁。涛门澎湃，顿尔改观。又以海寇类警，筑复旧城，并设游兵，用固吾围。后以材官不戒，为贼所袭，兹屿遂荒。然贼纵火烧塔，塔竟不坏，故是神物。[①]

《崇祯海澄县志》卷一《舆地志·山川·圭屿建城设兵记》记载：

先是士大夫于屿建浮屠、立精舍，所需不赀。两公捐锾甚奢，以供缔构。功未竣而城守之议适与期会，遂力起赞决之，而合以成其壮图。于是乃量事期，计徒庸，分财用，具糇粮，访基址，鸠工于丁巳（按：即1617年）四月，而告成于戊午（按：即1618年）二月。城广二百余丈，高丈有五尺，计费二千有奇。置兵二百三十人，材官二人统之设营其内。[②]

《崇祯海澄县志》卷七《兵防志》记载：

圭屿城……万历乙卯（按：即1615年）众议建塔九级，邑人周起元主议成之。……下有天妃宫。邑令刘公斯琜又筑城数堞以御海寇，今稍圮，议修葺之。[③]

综合上述文献记载，在圭屿上当时建有塔、圭屿城、铳城，以及塔旁的天妃宫、文昌祠、大士阁。荷兰殖民者1630年登岛时见到了石塔、堡垒（圭屿城）、碉堡（铳城），但由于战乱都已经荒废。

从文献可见，此时郑芝龙与普特曼斯就贸易问题达成了默契。但郑芝龙与普特曼斯的默契维持时间不长，明朝官方不久又重申禁止荷兰殖民者来大陆沿海贸易，只允许部分有通行证的商人前往台湾贸易，不能满足荷兰殖民者的贸易需求，双方关系又陷入紧张。

六 尾声

1633年7月，普特曼斯率荷兰舰队侵入九龙江口海域，主动挑起战争，进攻驻扎

① （明）张燮等：《崇祯海澄县志》卷一。
② （明）张燮等：《崇祯海澄县志》卷一。
③ （明）张燮等：《崇祯海澄县志》卷七。

在厦门的郑芝龙部队。与郑芝龙部队和其他明军多次战斗后，1623 年 10 月 22 日荷兰舰队在料罗湾海战被郑芝龙重创，才被迫停止了战争行动。在本次战争中，荷兰舰队未再靠泊圭屿，但仍留下了有关圭屿的记载。

《热兰遮城日志》记载：

> （1633 年）7 月 17 日。长官普特曼斯阁下与议会决议，由于几个重大的原因及较好的想法，我们将在此地的港外巡弋，以取代去攻击鼓浪屿或潮【漳州】河上去攻击的计划。其原因，第一，由于士兵已经非常缺乏，要去攻击就要减少约两百人，而马尼拉的戎克船必须前来的时间已经开始要过去了；另一个原因，在那有塔之岛的后方开始接近海澄（Haytingh），那地方水很浅，不能航行，所以很容易占领。
>
> ……
>
> 7 月 21 日。用那艘最小的夺来的戎克船，充分配备荷兰人，去那有塔之岛、大担及金门的西端巡弋所有进出的船只。[①]

之后，在荷方文献中，基本未再提到圭屿或有塔之岛。

全文最后，我们再回顾一下荷兰文献中的圭屿。在荷兰文献中，圭屿被记载为 Coissu，并留下别名“有塔之岛”、Wangsan 岛，且将荷兰殖民者乘用的一艘中国帆船命名为“圭屿（Coissu）号”。荷兰殖民者还曾在圭屿赠送少量火炮、火枪给明朝军队，明朝军队通过仿制获赠和缴获的荷兰火炮，掌握了铸造红夷大炮的技术，提高了军事科技水平。在 1622 年底和 1623 年初的入侵和谈判中，荷兰舰队靠泊圭屿，直接扼住了月港贸易航线的咽喉，阻止月港商船出海贸易。1623 年底的入侵中，荷兰舰队再次靠泊圭屿，但在被明军用计诱至厦门用火烧毁一艘船后，就离开圭屿进攻闽南沿海其他地方。1630 年，荷兰舰队与郑芝龙联手击败李魁奇后，荷兰殖民者才在郑芝龙默许下重登圭屿勘察。1633 年荷兰舰队又一次进犯厦门，主要停泊在厦门以南的鼓浪屿、浯屿、大担等岛屿之间的海域，未至圭屿。这说明中国海防力量在 1622～1633 年逐步加强，使荷兰舰队不敢过于深入九龙江口海域。但需注意到，加强的海防力量并非来自明朝官方，而主要来自郑芝龙海商集团。郑芝龙海商集团的崛起，深刻改变了 17 世纪东亚海权格局，同时也加速了厦门港取代月港国际贸易商港地位的进程。

① 江树生译注《热兰遮城日志（第一册）》，台南市政府，1999。

鼓浪屿的侨批渊源浅谈

林恒立*

摘要：作为世界记忆遗产与海上丝绸之路记忆的重要组成部分，侨批正越来越受到社会各界的重视。本文试图通过对相关资料的抽丝剥茧，力求从“侨批对鼓浪屿变迁所起的作用”以及“鼓浪屿人文受侨批的影响”这两方面来呈现“鼓浪屿”和“侨批”二者之间的渊源，以期对鼓浪屿历史以及侨批文化的相关研究有所帮助。本文认为侨批是“鼓浪屿历史变迁的见证者”，同时侨批也折射出鼓浪屿人文之光。对鼓浪屿与侨批关系之研究，深化了鼓浪屿历史国际社区的内涵，丰富了侨批研究的内容和形态，具有积极意义。

关键词：鼓浪屿　侨批　历史国际社区

鼓浪屿在清末就已是闽南地区重要的金融及文化区域中心之一。有着多元文化共存的鼓浪屿，融合了来自本土和世界各地的社会状态、文化生活，并于 2017 年 7 月 8 日成功入选《世界遗产名录》。而作为世界记忆遗产与海上丝绸之路记忆的重要组成部分，侨批正越来越受到社会各界的重视，并于 2013 年 6 月 18 日成功入选《世界记忆名录》。对鼓浪屿与侨批关系之研究，有非同一般的意义。

然而，在针对“鼓浪屿与侨批”相关史料的查证过程中，笔者发现关于这方面专题的文献并不多，系统性的研究也很少。因此，本文试图通过对相关资料的抽丝剥茧，力求从“侨批对鼓浪屿变迁所起的作用”来呈现鼓浪屿和侨批二者之间的渊源，以期对鼓浪屿历史以及侨批文化的相关研究有所帮助。

国学大师饶宗颐教授对侨批的评价极高，称其为“海邦剩馥、侨史敦煌”。包罗万象的侨批涉及方方面面，如亲情、乡情、国情、世情等。它也成为诸如华侨史、邮政史、航贸史、文化史甚至方言学等诸多领域不可或缺的研究对象。也正因为如此，本文对“鼓浪屿与侨批”的探讨，距一窥此专题之全豹相去犹远。在此，谨希望此文能

* 林恒立，厦门航运企业管理人员，研究方向为厦门航贸史。

起到抛砖引玉的作用，得以吸引更多有志于此方面研究的人士一起来探讨“鼓浪屿与侨批”的相关话题。

一　厦门、鼓浪屿与“下南洋”

19 世纪中叶以来，西方列强大力发展它们在东南亚地区的产业①，如种植园、矿山等。而摆在它们面前亟待解决的问题却是“劳动力”。在当时的历史大背景下，人口众多的中国自然引起了这些国家的垂涎。列强用尽一切手段，逼迫清政府敞开国门，开放海禁，更于 1860 年签署的《北京条约》条款里规定了西方诸国在华自由招工②的权利，将它们在华的募工出国活动合法化、公开化。

此时的中国真可谓内外交困、满目疮痍。为了躲避连年的战乱与灾荒，东南沿海一带的闽粤百姓不得不背井离乡、漂洋过海，开启了海外谋生之路。“下南洋”，即指“就地缘上的毗邻关系大规模迁徙到东南亚的海洋移民现象”，在闽南语系里，“下南洋”也称为“过番”。它与“闯关东”“走西口”成为我国近代史上人口迁徙的三大壮举。“南洋”，是明清以后对东南亚地区的一个称呼，其主要包括现在的新加坡、马来西亚、印度尼西亚、菲律宾、泰国、越南、缅甸等东盟国家。③

闽粤地区不但是“下南洋”人口的主要聚居地，而且所辖地域内的港口也成为人口移出的主要节点。地处福建南部的厦门，是一个海岛型港口城市。自清初开始，厦门逐渐取代了邻近的泉州刺桐港、漳州月港，跃升为我国东南沿海对外贸易的交通中心。1843 年 11 月，厦门正式开埠，西班牙、德国、英国、美国等国家先后在鼓浪屿成立了各自的领事馆，厦门也成为华工出国的主要口岸，而此时，厦门的鼓浪屿岛也一跃成为全国范围内贩卖华工的重要据点。码头周围开办起大量的招工所，关押“猪仔”的地方就叫“猪仔馆”。④ 据统计，1845～1853 年，从厦门出国的华工数为 11095 人。⑤

---

① 17 世纪以来，英国、荷兰、西班牙等西方国家开始涉足远东地区，在东南亚诸国开辟商埠，将这些国家纳入它们的殖民贸易版图之中。

② 所谓的“自由招工”，其实无非是西方诸国通过它们在我国沿海地区的洋行招募、掠卖劳工。被招募出洋的劳工，即签订了卖身契的契约工，被称为“苦力”或“猪仔”。

③ 黄清海：《海洋移民、贸易与金融网络——以侨批业为中心》，社会科学文献出版社，2016。

④ 黄清海：《海洋移民、贸易与金融网络——以侨批业为中心》，社会科学文献出版社，2016。

⑤ 戴一峰：《厦门开埠初期华工出国人数》，《福建论坛（文史哲版）》1984 年第 3 期。

二　厦门、鼓浪屿的侨批业形成

“下南洋”谋生后，出国华侨需要与国内的亲人取得联系、报平安。与此同时，他们还迫切需要将劳动所得寄回家乡，用以赡养父母妻儿。但当时的邮政和银行系统还极不完善，他们只好等待一起出国的老乡回国时，再托他将平安家书和款项带回家乡转交家属。侨批业的雏形也初步形成了。随着此类需求的日益增长，新兴的职业“水客”应运而生。所谓“水客”，即指专门来往于国内外，为华侨解送侨汇、信件者。“水客”们通常在华侨中有着良好的声誉和广泛的人脉，在带款带信之余，他们通常也做些生意，或把南洋的土产带回国内销售，或者将国内货物运往南洋贩卖。

随着厦门港口的不断发展，交通运输也更加发达，往来的船舶也从原来的帆船发展到轮船，华侨的数量随之日益增多，各商埠的手工业、商业、服务业也得到快速发展。原来的“水客”和兼营收解侨款的商户开始联合起来，利用商户信用和水客的网络，进一步成立专门为侨胞递送侨汇、信件的企业，这种企业就称为侨批局。[①] 因为“信”在闽南方言中读“批”，所以侨信又被称为“侨批”。通俗地说，“侨批”是东南亚华侨与家乡眷属之间特有的信汇通信方式。它是由海外寄回家乡、在信封上附带汇款数额，兼有家书、汇款单功能的信、汇合一之华侨家书。[②]

目前已知厦门最早的侨批局，是清同治五年（1866年）设立的全泰成、协共昌和建昌三家侨批局。[③] 随后，众多侨批局相继开张。侨批局派专人解送侨款，多数人带回南洋土特产品到国内市场出售，而后将货款作为分送侨汇的款项，一举两得，增加利润收入。[④] 联号经营的“三盘制”是其主要的运营形式，亦即侨批局分为头盘局、二盘局、三盘局：头盘局是在国内外都设有机构的较大的侨批局，可以直接在海外收信、独立经营；二盘局接受海外信局的委托，办理转驳信件，并收取1.25%~1.5%的佣金，常常是由以前的客栈或船头行兼营发展而来；三盘局是更小的专门承办头盘局、二盘局委托到内地解付侨汇的信局。这样，闽南和东南亚的侨批局互相之间形成了层层委

---

① 乔显祖、民娟：《侨批业的形成》，载厦门人民广播电台编辑部编辑《天风海涛》第8辑，1984。另参见徐建国《民信局与侨批局关系考辨》［《福建论坛》（人文社会科学版）2011年第5期］一文所述，侨批局与民信局、批信局等称呼并存于侨批相关文章中，一直含混不清。为保持行文一致性，如无特别说明，文中皆称为侨批局。

② 林少川：《关于加快“闽南侨批”申报“国家档案文献遗产”进而申报“世界记忆遗产”的建议》，载陈小钢主编《回望闽南侨批——首届闽南侨批研讨会论文集》，华艺出版社，2009。

③ 洪卜仁、陈亚元主编《按章索局：图说厦门侨批》，厦门大学出版社，2020。

④ 乔显祖、民娟：《侨批业的形成》，载厦门人民广播电台编辑部编辑《天风海涛》第8辑，1984。

托代理的网络。[①]侨批业的发展受到海外侨胞和国内侨眷的欢迎，它们及时的侨汇及信件传送服务，极大地方便了千里之外的家人间的联系。19世纪末20世纪初，近代邮政和银行虽已在厦门开办，但官营的邮政和外商银行都无法与民间的侨批局相抗衡。有分析认为，侨批局牢固扎根于华人跨国移民和商业网络之中，贴近华侨和侨乡，这是当时近代邮政和银行的经营方式所无法比拟的。[②]地处福建与东南亚国家枢纽口岸的厦门，除本埠的侨批业务外，它还承转漳州、泉州和龙岩的部分侨批。[③]厦门在福建侨批业占据垄断的地位。[④]

鼓浪屿位于福建东南海域、厦门市之西南，与厦门本岛隔海相望。厦门开埠以来，洋人相继在鼓浪屿设立洋行，如1845年英国人在覆鼎岩附近设立的德记洋行、在三丘田设立的和记洋行。这两家洋行的主要营生即包揽厦门附近的劳工买卖。[⑤]作为人们出洋谋生的始发地，鼓浪屿很快便成为著名的侨乡。清末民初，开始有鼓浪屿华侨从事侨批业。在鼓浪屿较早从事侨批业的是菲律宾华侨黄秀烺。他于1908年创办“炳记行”从事商贸时，就开始兼营侨批。而鼓浪屿华侨创办的专营侨批局，早期较出名的是菲律宾华侨许经权于1918年在厦门投资创办的美南信局。据说，许经权在鼓浪屿修建的住宅番婆楼，曾作为美南信局的分支机构，对外开办侨批业务。[⑥]

三　辛亥革命时期的鼓浪屿侨批

厦门是辛亥革命期间华侨回国开展革命工作的中心地区。先后从海外回厦门开展革命工作的华侨就有黄蕴珊、施明、陈金方等人。黄蕴珊以治病为名，住在鼓浪屿美国教会开办的救世医院，利用外国医院作为掩护进行革命活动。宣统二年（1910年），丘廑兢联络周明辉、王金印等，在鼓浪屿设立鼓浪屿阅书报社，传播革命思想，暗结有志之士。后来丘、王出国，黄约瑟等继起，在鼓浪屿河仔墘（现龙头街）创办闽南阅书报社，继续开展工作。[⑦]由此可以看出，鼓浪屿是当时厦门革命活动十分重要的

① 池秀梅：《厦门侨批业的形成与初期发展（明末—1937）》，载洪卜仁主编《厦门侨批》，厦门大学出版社，2018。

② 洪卜仁、陈亚元主编《按章索局：图说厦门侨批》，厦门大学出版社，2020。

③ 池秀梅：《厦门侨批业的形成与初期发展（明末—1937）》，载洪卜仁主编《厦门侨批》，厦门大学出版社，2018。

④ “据相关调查记载，1935年，仅规模较大的批信局，福建省内共185家，而厦门就占153家。”洪卜仁、陈亚元主编《按章索局》，厦门大学出版社，2020。

⑤ 黄清海：《海洋移民、贸易与金融网络——以侨批业为中心》，社会科学文献出版社，2016。

⑥ 何丙仲主编《鼓浪屿华侨》，厦门大学出版社，2017。

⑦ 《厦门华侨志》编委会编《厦门华侨志》，鹭江出版社，1991。

据点。不仅如此，投身辛亥革命的同盟会主要会员里有多位是鼓浪屿志士，如鼓浪屿英华书院的教员陈金方、创立鼓浪屿阅书报社的丘廑兢、任职三达洋行书记的黄约瑟等人。①

辛亥革命期间，投身其中的爱国华侨或募集款项、招集人员，支援国内的武装斗争；或搜集战争信息，源源不断地通报给国内战友参考。福建的集邮爱好者发现：由于侨批为私人邮政，运作流程特殊，在辛亥革命期间，菲律宾同盟会多以侨批形式与国内战友通信，以绕过国家邮政系统的检查，避免收信者受到清政府的怀疑、迫害；华侨支援国内革命斗争的大批捐款，也是通过侨批汇往国内的。这些侨批已成为珍贵的史料。②“漳州一带尽情如何？若尚欠人筹谋，宗明、金方、嘉（家）声等即愿驰回办理。”“现下厦事如何？务祈极力进行，联络众志。”③ 这些让人看了热血沸腾的侨批往来都是爱国志士极为频繁而有效的信息沟通。

四　抗战时期的鼓浪屿侨批

1. 厦门沦陷时期的鼓浪屿侨批业

（1）转往鼓浪屿的厦门侨批业

1937 年 7 月 7 日，中国进入全面抗战时期。厦门，这一有着 2000 万南洋华侨的进出、每年有 4000 万元侨汇的接纳港，日本侵略者早已对其垂涎三尺。占领厦门，就可截断华侨汇款通道，掐住国民政府利用侨汇弥补战时财政亏空的咽喉。1938 年 5 月 13 日，日军攻陷厦门。作为公共租界的鼓浪屿，其时相对安全，侵厦日军暂时不敢进犯，市区的侨批局就开始陆续转移至鼓浪屿营业。至当年 11 月中旬，67 家侨批局转往鼓浪屿营业，17 家侨批局转移至泉州等地营业。1939 年的数据显示：厦门沦陷初期，在鼓浪屿营运、复业和准备复业的侨批局有 85 家，远超迁往晋江、安溪的 7 家。一时间，侨批局云集的鼓浪屿瞬间顶替厦门本岛，跃升为新的闽南侨批、侨汇中转站。④ 战时鼓浪屿的侨汇数额每年有 4000 万～5000 万元。⑤ 仅以 1939 年鼓浪屿侨汇额为例（见表 1）。

---

① 洪卜仁主编《厦门辛亥风云》，厦门大学出版社，2016。

② 苏通海：《漳州侨批史话》，福建人民出版社，2016。

③ 黄清海编著《菲华黄开物侨批：世界记忆财富》，福建人民出版社，2016。

④ 洪卜仁、陈亚元主编《按章索局：图说厦门侨批》，厦门大学出版社，2020。

⑤ 许高维：《全面抗战时期的厦门侨批业（1937—1945）》，载洪卜仁主编《厦门侨批》，厦门大学出版社，2018。

表 1　1939 年鼓浪屿侨汇额一览

单位：万元

汇款来源地	汇款机构	汇款金额	汇款总计
马尼拉	中兴银行	600	4250
	中国银行	300	
	交通银行	800	
	远成信局	400	
	建南信局	300	
新加坡	华侨银行	500	
	中国银行	1000	
兰贡（仰光）	永福信局	100	
其他	安达银行（Nederlandech Handels Bank N. V.）	100	
	香上银行	150	

资料来源：〔日〕别所孝二编《新厦门》，每日新闻社，1940；转引自洪卜仁主编《厦门侨批》，厦门大学出版社，2018。

鉴于侨批局在厦门沦陷期间大量迁往鼓浪屿这一史实，笔者多方查考，尝试从调查中寻找其遗迹。但由于鼓浪屿的房屋、道路早已经过多年改造，加之笔者所获取的书面资料有限，得之不多。而在林和泰信局的一张侨批封照片上，笔者找到了批封上邮戳显示的该局所在地“石码路”（见图 1）。据查考，此路现在名为“市场路”。① 而与“石码路”咫尺相望的“番仔墓口”，是和丰信局之所在，“番仔墓口”即今鼓浪屿音乐厅所在。②“和丰”与“林和泰”（见图 2、图 3）同是 1938 年迁至此处营业的。③信局隔街而望，或可从中管窥其时鼓浪屿信局林立之全貌。

成为闽南侨批枢纽的鼓浪屿，在厦门沦陷期间背负的担子繁重而艰险。为了保障侨胞与侨眷的顺畅沟通，侨批局的工作人员可谓尽心竭力、冒险工作。此类事迹不胜枚举，在此仅提及两例：一为华南信局。鼓浪屿华南信局总局要把侨批及批款转到内地，全是委托亚细亚公司的员工携带到嵩屿油库（它的油轮每天都要由厦门到嵩屿往返）的，而石码局每天要派专人带回文到嵩屿去交接侨批和批款，当天早晨上路去嵩屿，下午就赶回石码。但嵩屿是抗日前线，有驻军部队的警戒地。曾有一次天气突变，

① 杨纪波：《鼓浪屿地名沧桑》，鼓浪屿申报世界文化遗产系列丛书编委会编印，2009。

② 何丙仲：《鼓浪屿的旧地名》，鼓浪屿申报世界文化遗产系列丛书编委会编印，2009。据《按章索局》一书显示的信息，和丰信局所在地位于“洋墓口”。闽南人称“洋人”为“番仔”。按当地人约定俗成的习惯，“番仔墓口”的译法应更为妥帖。

③ 洪卜仁、陈亚元主编《按章索局：图说厦门侨批》，厦门大学出版社，2020。

图 1　咫尺相望的番仔墓口（图片左边，现为鼓浪屿音乐厅）和石码路（现名市场路）

图片来源：笔者拍摄。

图 2　和丰信局签发的华侨银行支票

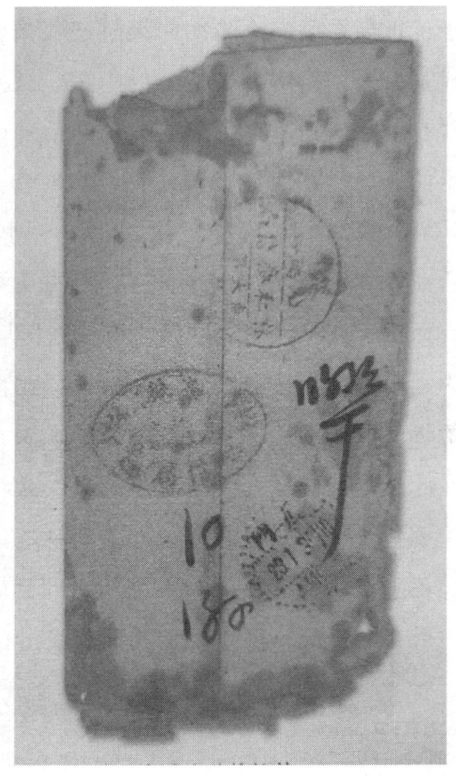

图 3　林和泰信局侨批封

图片来源：洪卜仁、陈亚元主编《按章索局：图说厦门侨批》，厦门大学出版社，2020。

阴霾密布，哨兵把带批人误认为有嫌疑者，将带批人带去见长官，长官发现一大袋侨批和现款，就留带批人在长官身边过夜，到翌日早晨方派护兵保送出禁区。[①] 另一实例为 1937 年成立的合昌信局。对内为中国银行组成部分的合昌信局，对外与中国银行为两块牌子，以民营信局名义开展一般侨汇业务。凭借其体制、资本、渠道和现钞等优势，合昌信局本着辅助侨胞、服务社会之精神，直接参与登门派送，并突破日寇封锁，从鼓浪屿密派干员，冒险挑运侨信过海经嵩屿转运至漳州、泉州，确保侨汇清解，在侨胞中树立了良好信誉。[②]

（2）闽粤地区的侨批枢纽

抗战爆发后，鼓浪屿在闽南金三角地区[③]起到了至关重要的侨批枢纽作用。图 5 为新加坡华侨邱先生于 1939 年 9 月寄往海沧新垵老家父亲的家书，从信封即可看出其特殊的收信地址书写方式：寄海沧却写着“鼓浪屿过水”字样。[④] 此外，全国唯一的

图 4　1939 年马来亚寄永春侨批，加盖“鼓浪屿瑞记银信局”章

图片来源：黄清海、沈建华编著《抗战家书》，福建人民出版社，2015。

① 蔡德修：《漳厦侨批工作回忆录》，载中国银行泉州分行行史编委会编《闽南侨批史纪述》，厦门大学出版社，1996。

② 陈石：《鼓浪风云》，《福建日报》2020 年 10 月 16 日。

③ 闽南金三角，指福建省东南部沿海的泉州、厦门、漳州三地及所辖县区。

④ 厦门市集邮协会编《邮说厦门》，鹭江出版社，2016。

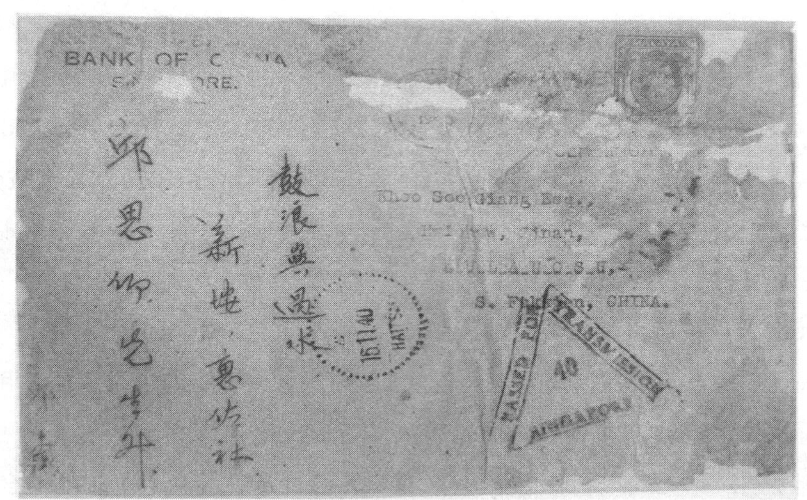

图5　抗战时期寄往海沧的侨批信封，上有“鼓浪屿过水”字样

图片来源：厦门市集邮协会编《邮说厦门》，鹭江出版社，2016。

“交通船”，也是当时特有的战时景观：兼港口、商埠为一身的厦门，并不出产农作物，平时吃的、烧的、用的都靠外地船运。日军占领厦门后，驻军的粮食、薪炭都成问题，到处拆旧房烧火也维持不了多久。没来得及撤离的民众也迫切需要生活用品。在此情况下，日军通过中立慈善机构与中国防线驻军、情报部门谈判，由内陆方向厦门岛供应粮草，交换一些药品、日用品。于是，厦门与隶属漳州的龙溪、海澄等地便有了沟通其间的交通船。通过厦门，尤其是代替厦门作为中转节点的鼓浪屿，侨批源源不断地流到内地。①

除了漳泉等地，鼓浪屿对于金门侨批的中转作用也至关重要。厦门沦陷后，金门的侨批邮路也改经鼓浪屿中转。为避免误投，海外华侨寄侨批时经常直接写上“鼓浪屿”，对30枚已公开的金门侨批进行整理时，侨批专家黄清海就发现其中数枚有着“鼓浪屿交金门后浦东门六角井下”“鼓浪屿烈屿后头社”等字样。②

除了作为福建省内的侨批中转站，抗战期间的鼓浪屿还为同为侨乡的广东省输送了大量的侨批。广东的潮汕地区和福建侨区的侨胞多侨居于东南亚国家，故侨批的来源地相同。又由于闽粤两省相邻，鼓浪屿就承接起省外城市的侨批中转工作。图6所示为汇交广东潮安县和广东汕头市的两笔侨汇批款，均由海外侨胞通过华侨银行汇至福建厦门鼓浪屿华侨银行，该行接收后开出侨汇汇款单，然后将汇款单连同批款寄汇

① 苏通海：《漳州侨批史话》，福建人民出版社，2016。
② 黄清海：《金门侨批与金门学研究》，载洪卜仁主编《厦门侨批》，厦门大学出版社，2018。

至广东的潮安县和汕头市投交收批人。汇款单为厦门鼓浪屿华侨银行专印专用。当时，此种寄至广东的侨汇汇款单，均用信封套装后通过鼓浪屿邮政局寄至广东的收汇地邮政局，由邮政局投交收汇人，经收汇人到邮局办理批款兑取手续后，所交付的回批由邮政局收取后寄返厦门鼓浪屿华侨银行，再由该行寄往海外的汇款人。由于往返广东的侨汇单和回批均由福建厦门鼓浪屿邮政局寄发，因此该局也是广东抗战期间侨批邮件在省外的进出口通道之一。[①]

图 6　1940 年福建厦门鼓浪屿转至广东潮安、汕头的侨汇存据

图片来源：蔡少明《中国抗战期间的侨批邮史》，中山大学出版社，2018。

与侨批“转出”密切相关的鼓浪屿邮政局，在侨批“转入”鼓浪屿这一节点上也起到了十分重要的作用。由于香港特殊的地理位置和政治、经济条件，东南亚不少侨批局选择将侨批通过香港中转。自厦门市区的部分侨批局迁移往鼓浪屿经营之后，鼓浪屿邮政局便成为侨批邮件的收接进出口邮局。海外寄往鼓浪屿的侨批邮件抵达香港后，通过外国轮船输送至鼓浪屿邮政局收接进口，鼓浪屿侨批信局寄返海外的回批，也经由鼓浪屿邮政局寄发出口香港后转往海外。鼓浪屿与香港之间的侨批邮件进出口邮路由此形成。其时，海外侨批局寄往鼓浪屿侨批局收接的批信，有的在批信上还加盖有“香港转鼓浪屿”的邮路指示戳（见图 7），说明当时海外的侨批信局也已获悉此条战时侨批邮路。[②]

2. 太平洋战争爆发后的鼓浪屿侨批业

“……现在世界战争，不能安静。对于太平洋的波浪，日日渐起……”这是 1941 年 9 月 8 日林尧安从古达描岛通过“鼓浪屿华兴信局”寄“过水石美北门社后路角交母亲李氏大人玉展”的侨批中所述，此批是经鼓浪屿交通船分发到内地的石码的。[③] 从

---

① 蔡少明：《中国抗战期间的侨批邮史》，中山大学出版社，2018。

② 蔡少明：《中国抗战期间的侨批邮史》，中山大学出版社，2018。

③ 苏通海：《漳州侨批史话》，福建人民出版社，2016。

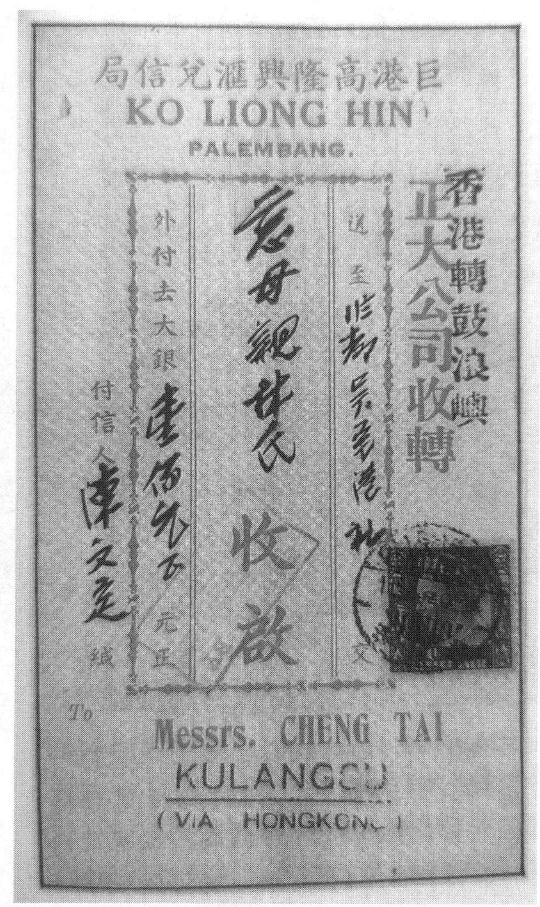

图 7 1940 年印尼寄往晋江的侨批，上有“香港转鼓浪屿”中、英双语指示戳记

图片来源：蔡少明《中国抗战期间的侨批邮史》，中山大学出版社，2018。

信中得以知悉，虽距日寇偷袭珍珠港尚有数月，但平民百姓早已有所觉察。

1941 年 12 月 8 日，太平洋战争正式拉开序幕，日军占领香港并迅速向东南亚推进，占领新加坡、马来西亚、菲律宾、缅甸和荷属东印度及所罗门群岛等地区。香港和东南亚各国的沦陷，导致海上交通被日军控制。福建沿海的轮船或被日军炸沉或被征用。福建邮政的小火轮“鸿翔号”和汽船“鸿进号”也被日军劫掠，原先通过内地与鼓浪屿交接海外侨批的渠道至此也被切断。① 与此同时，日军登陆鼓浪屿公共租界，占领各国领事馆、机关和银行。受战争影响，岛上一些侨批局内迁泉州，仍在厦门和鼓浪屿的侨批局虽然逐年向福建省邮政管理局登记领证，但绝大部分都已停业。②

① 蔡少明：《中国抗战期间的侨批邮史》，中山大学出版社，2018。

② 许高维：《全面抗战时期的厦门侨批业（1937—1945）》，载洪卜仁主编《厦门侨批》，厦门大学出版社，2018。

1945 年，太平洋战争进入收官阶段，日本在同盟国发起的强大攻势下节节败退，并于 8 月 15 日宣布无条件投降，厦门也于不久后光复。此时的侨批馆仅存 57 家，其中厦门 7 家，鼓浪屿 50 家。[①]

五 抗战胜利后的鼓浪屿侨批业

1. 抗战胜利初期

这一时期，日占时期迁往泉州等地的侨批局陆续迁回厦门。厦门地区的侨批局也从 1945 年的 57 家增至 1946 年的 81 家。这其中，厦门由 7 家猛增至 63 家，而鼓浪屿降至 18 家。[②]

关于鼓浪屿侨批局抗战前后数量的变化，戴一峰等对此做了专门研究，并得出相关结论：战时迁至鼓浪屿的侨批局中，它们的主持者也在南洋创立有同样的收递机构，这些人显然不是厦门及闽南本地侨眷或代理人所能比拟的，后者是绝大多数侨批局的创办者和主持者，前者显然更接近于近代返乡的闽南海外移民。这些侨批局能在厦门沦陷时迁往鼓浪屿继续经营，足以说明其创办者或主持者在近代鼓浪屿有着相应的或类似的机构甚至生意，至少可以提供其继续营业的场所。而这些“头盘局”在抗战胜利后，在短时间内即将营业地址恢复至厦门岛，几乎没有继续在鼓浪屿经营的侨批局，这很容易令人想到总号与分号之间的生意转移。联想到侯伟雄的研究[③]中提及的大量自海外归来的闽南移民曾在鼓浪屿创办侨批局，可以为上述现象提供一个合理的解释，即大量的海外移民归来后在鼓浪屿定居，同时创办可轻易获利的侨批机构，并将鼓浪屿的住所视为总号，出于联结“二盘局”和“三盘局”的需要，他们将主要营业机构设在厦门岛。故 1938 年厦门沦陷后，这些侨批局方可迅速迁至鼓浪屿继续营业，抗战胜利后在厦门岛上也迅速恢复营业。[④]

2. 特殊时期的侨批

抗战胜利后，南洋部分国家开始限制侨汇流出，对侨批业影响极大。

1945 年 11 月，新加坡军政总部通知各银行，“华侨汇款每月不得超过 100 元坡币”；1946 年 3 月 18 日，再度颁布“华侨家用汇款每月限汇 45 元坡币”。1948 年 10

---

① 许高维：《全面抗战时期的厦门侨批业（1937—1945）》，载洪卜仁主编《厦门侨批》，厦门大学出版社，2018。

② 福建省档案馆编《百年跨国两地书——福建侨批档案图志》，鹭江出版社，2013。

③ 侯伟雄：《鼓浪屿与闽南侨批业遗址》，载陈小钢主编《回望闽南侨批——首届闽南侨批研讨会论文集》，华艺出版社，2009。

④ 戴一峰等：《海外移民与跨文化视野下的近代鼓浪屿社会变迁》，厦门大学出版社，2018。

月，新加坡外汇统制部宣布：凡经营民信局汇款，必须申请批准证。1949 年，新加坡当局为限制华侨汇款回国，规定申请汇款办法，限定华侨每人每月汇款不得超过坡币 45 元，违者将受法律制裁，并可能被判处 3 年以内监禁及坡币 1 万元罚金。①

1946 年 9 月，越南独立，加强了外汇管制，对经营侨批局者，概不发执照。② 当地侨批局只能暗中将批款带入泰国或香港再转寄回内地。③ 1948 年底缅甸政府规定，若华侨要汇款回国，必须向缅甸政府外汇统制局申请，申请手续极尽繁难，缅甸仰光的侨批局几乎全部停业，侨汇也告中断。④

印尼自 1945 年独立以来，就停止发给侨批局执照，并加强外汇管制，侨批业者只好转入地下，其调款只能通过贸易商人货物出口时以多报少截留在香港。1945 年日本投降后菲律宾对侨批局发给营业执照。⑤ 1948 年 9 月 10 日，菲律宾外国资金统制处通令限制华侨汇款回国，规定每人每次汇款回国不得超过 500 美元，但商业汇款不受此限制。⑥

20 世纪 50 年代以来，西方国家对刚刚成立的新中国采取封锁政策，东南亚一些国家慑于压力，对侨汇进一步加强管制，有的甚至从限汇改为禁汇。1950 年初，菲律宾政府限制华侨每人只准汇 20 ~ 50 美元。更于 12 月 6 日宣布禁止侨汇，之后历年都查禁。印尼自 1950 年对侨汇严格管制，侨批局已很难再运转侨汇了。缅甸等国的情况也基本如此。⑦

在西方反华浪潮和东南亚各国政府对侨汇的限制与封锁日益加剧的形势下，侨批局在反限制斗争、争取侨汇方面所起的桥梁作用至关重要。1950 年 8 月 18—29 日，为了“便利侨汇、服务侨胞”和开展反限制斗争，中侨委、中财委和中国人民银行在北京召开了全国归侨侨眷福利会议，制定了一揽子反限制斗争的措施和政策。会后，厦门侨汇业因地制宜地开展了许多反限制斗争。其中尤为重要的一条措施即侨汇大部分从明汇改成暗汇，各地基本使用暗码汇款（见图 8）。⑧ 譬如动员侨眷和海外华侨事先

---

① 孙秋霞：《解放战争时期的厦门侨批业（1946—1949）》，载洪卜仁主编《厦门侨批》，厦门大学出版社，2018。

② 孙秋霞：《解放战争时期的厦门侨批业（1946—1949）》，载洪卜仁主编《厦门侨批》，厦门大学出版社，2018。

③ 宋俏梅：《厦门侨批业与政府的关系》，载洪卜仁主编《厦门侨批》，厦门大学出版社，2018。

④ 孙秋霞：《解放战争时期的厦门侨批业（1946—1949）》，载洪卜仁主编《厦门侨批》，厦门大学出版社，2018。

⑤ 宋俏梅：《厦门侨批业与政府的关系》，载洪卜仁主编《厦门侨批》，厦门大学出版社，2018。

⑥ 孙秋霞：《解放战争时期的厦门侨批业（1946—1949）》，载洪卜仁主编《厦门侨批》，厦门大学出版社，2018。

⑦ 林靖：《新中国时期的厦门侨批业（1949—1976）》，载洪卜仁主编《厦门侨批》，厦门大学出版社，2018。

⑧ 林靖：《新中国时期的厦门侨批业（1949—1976）》，载洪卜仁主编《厦门侨批》，厦门大学出版社，2018。

约定用如“旅安”“大安”“外安”等字词代表几十、几百、几千等汇款数字。又比如用家乡的五谷收获量（或子女读书考试分数）来代替汇款额数。还有用谐音代金额，如二伯代表200万，陆大兄代表6000等。对于禁汇最严的印尼，则多采用帮单办法，因为帮单数量少易掩盖，数字金额亦可用事先约定好的暗语（如某信局以县区、乡、村或金木水火土代表万、千、百、十），他人不易察觉。[①] 谈及特殊时期下应运而生的这种“暗批”，笔者还特意走访了鼓浪屿的菲律宾侨眷、年逾八十的陈先生。对于当时的暗批形式，他记忆犹新。据陈先生回忆，作为菲律宾侨眷聚居的鼓浪屿，除了上述所提及的这些暗语之外，据他所知还另有一种特有的暗批，即以“朱古力”（巧克力）代替汇款金额，极具民间智慧。譬如，华侨会在信中写，朱古力收到后，请分给大哥×粒、二哥×粒等。

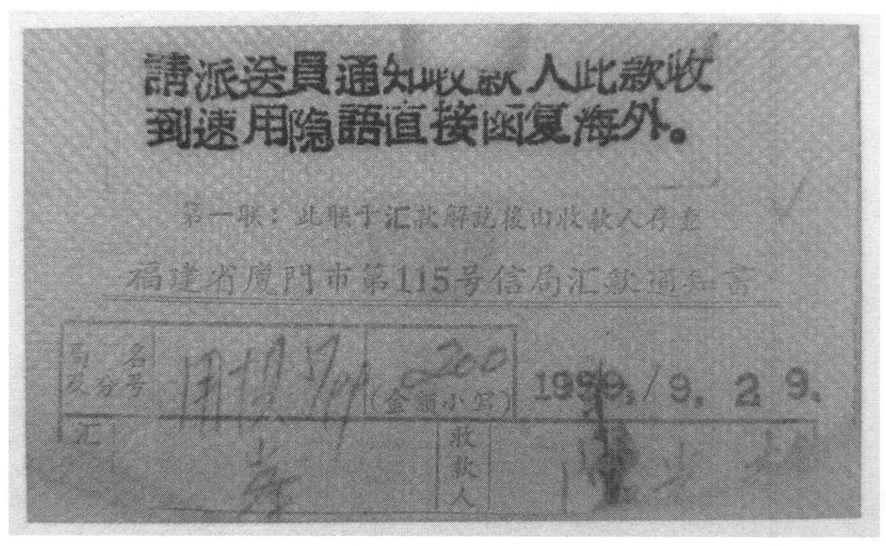

請派送員通知收款人此款收
到速用隐語直接函复海外。

第一联：此联于汇款解讫后由收款人存查

福建省厦門市第115号信局汇款通知书

图8　信局汇款通知书上加盖的提示：请派送员通知收款人此款收到速用隐语直接函复海外

图片来源：林靖《新中国时期的厦门侨批业（1949—1976）》，载洪卜仁主编《厦门侨批》，厦门大学出版社，2018。

在华侨与侨批局坚毅而机智的反限制斗争中，鼓浪屿的侨批业不降反升。20世纪50年代中期，调回厦门市区派送处的骆协成信局派送员骆佳伦回忆：当时派送处有十二位派送员，七人跑市区，三人跑鼓浪屿，两人跑禾山。派送员的分配是根据侨批多少来定的，市区的侨批数量多，所以安排的派送员也多。特别是小小的鼓浪屿就安排

① 林靖：《新中国时期的厦门侨批业（1949—1976）》，载洪卜仁主编《厦门侨批》，厦门大学出版社，2018；李四海：《泉州市侨批业4年来工作情况》，载中国银行泉州分行行史编委会编《闽南侨批史纪述》，厦门大学出版社，1996。

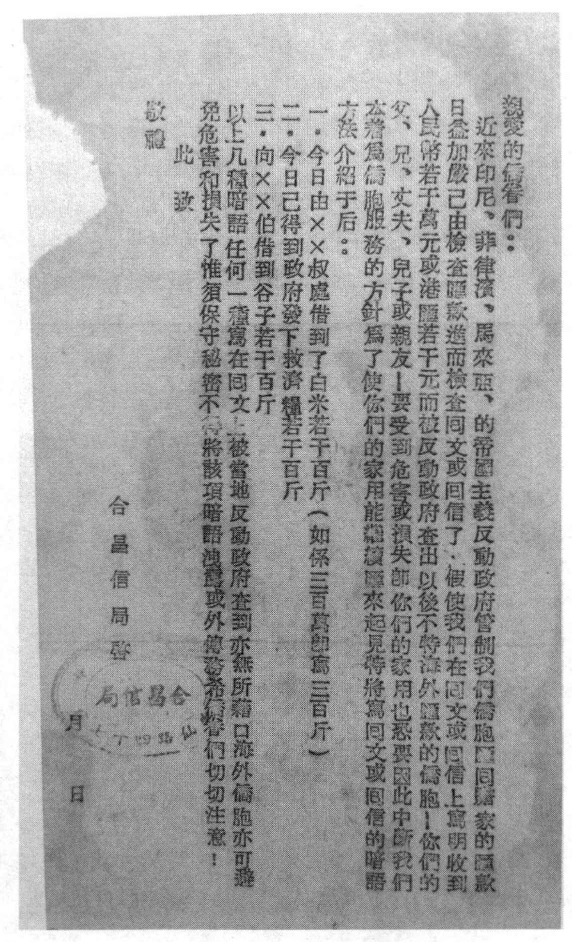

親愛的僑眷們：

近來印尼、菲律濱、馬來亞、的帝國主義反動政府管制我們僑胞[illegible]回歸家的匯款日益加嚴已由檢查匯款進而檢查回文或回信了，假使我們在回文或回信上寫明收到人民幣若干萬元或港匯若干元而被反動政府查出以後不特海外匯款的僑胞—你們的父、兄、丈夫、兒子或親友—要受到危害或損失即你們的家用也恐要因此中斷我們本着為僑胞服務的方針為了使你們的家用能繼續匯來起見特將寫回文或回信的暗語方法介紹于后：

一・今日由××叔處借到了白米若干百斤（如係三百萬即寫三百斤）

二・今日已得到政府發下救濟糧若干百斤

三・向××伯借到谷子若干百斤

以上几種暗語任何一種寫在回文上被當地反動政府查到亦無所藉口海外僑胞亦可避免危害和損失了惟須保守秘密不得將該項暗語洩露或外傳務希僑眷們切切注意！

此致

敬禮

合昌信局啓　月　日

图 9　合昌信局给侨眷的信

图片来源：林靖《新中国时期的厦门侨批业（1949—1976）》，载洪卜仁主编《厦门侨批》，厦门大学出版社，2018。

三个派送员，说明鼓浪屿的华侨多、侨眷多，来的侨批也多。禾山那么大，只有两个派送员，说明那里的侨批比较少。另据 1961 年加入侨批业的派送员林清溪回忆，刚参加工作时，他跑的是鼓浪屿复兴路和鹿礁路一带。鼓浪屿出国华侨多，侨眷也多，他一天要上下午各跑一趟派送侨汇。①

20 世纪 70 年代，由于国内邮局和银行在乡镇普遍设立，以及社会治安好转，交通条件完善，国内侨批局的便利侨汇和服务侨胞的特殊作用日益为邮局和银行服务所取代。1972 年国务院发文撤销国内私营侨汇业务。从 1975 年 1 月起，厦门地区侨汇业务

① 何瑞福主编《口述历史：厦门老街岁月》（第三辑），厦门大学出版社，2018。

一律由中国银行厦门市分行接办，在该行附设“海外汇款服务处”，专门办理海外同业委托解付的华侨汇款，“海外汇款服务处”撤销。1976 年，厦门侨批业清理小组成立，对各侨批局资产进行全面清偿，办理股东退股。至此，厦门侨批业宣告结束。①

结　语

近代开埠以来，厦门、鼓浪屿成为闽南海外移民出国谋生的重要门户。而成为侨乡的鼓浪屿还有另一身份——公共地界。这一特殊身份从某种程度上掩护和保障了鼓浪屿的安全，使它得以置身于社会动荡及战乱之外。也正因为有着这一重身份，鼓浪屿在“解侨民之燃眉之急、救侨眷于水火之中”的侨批业中起到了举足轻重的作用。因为侨批的唯一性和反映史实的较高真实性，对于鼓浪屿侨批及其业态的研究，侨批不啻为一种见证鼓浪屿历史变迁的上佳视角。

① 洪卜仁、陈亚元主编《按章索局：图说厦门侨批》，厦门大学出版社，2020。

日本学者“厦门研究”的视域与境位

吴光辉*

摘要：日本学者的“厦门研究”展现出一系列最新的研究视角，尤其是井上智胜的人类学研究、河野龙也的跨文化研究、恩田重直的都市学研究。这一批围绕厦门或鼓浪屿的学术性研究既展现了集历史、文化、思想于一体的宏大叙事，也带有将人类学、跨文化、建筑学融为一体的微观探索，可以为接下来的这一学术研究的“视域拓展”乃至“文化境位”提供来自外部的参考与借鉴。

关键词：厦门研究　人类学　跨文化　建筑学

探究“日本与厦门”这一主题下的研究，或许我们可以联想到地域史格局下的厦门研究，或是探究郑成功“海洋帝国”视域下的东南亚、中国沿海、日本九州之间的“海上交通史”，或是研究以东海为核心的整个东亚区域间的物资（唐物）、人员的往来反复。这样的一系列研究接续了传统的文化人类学、海洋史研究，构筑起跨学科、跨领域的综合性研究。不过，与这样的广阔视域下的厦门研究不同，围绕日本与厦门之间的研究，则可以联想到以厦门、台湾、日本为“选择性的区域”的综合性研究。彭一万撰写的《日本“智能犯强盗”后藤新平与厦门》① 一文，就探究了日本是如何以台湾为跳板，觊觎厦门，进而图谋中国的历史。吕绮锋、吴光辉撰写的《佐藤春夫笔下的近代中国——以〈南方纪行〉为中心》② 一文，也以日本文人佐藤春夫 1920 年 6 月至 10 月的厦门旅行和之后撰写的《南方纪行》为对象，指出与谷崎润一郎、芥川龙之介等一批大正时期的日本文学家的中国考察不同，佐藤春夫的中国体验通过对中国风物、近代建设、中国民众的书写，满足了自我感性下的“异国情趣”的同时，也

* 吴光辉，厦门大学外文学院副院长、教授、博导，研究方向为近代厦门与日本关系史。

① 彭一万：《日本“智能犯强盗”后藤新平与厦门》，载周旻主编《鼓浪屿研究》第五辑，厦门大学出版社，2016。

② 吕绮锋、吴光辉：《佐藤春夫笔下的近代中国——以〈南方纪行〉为中心》，载周旻主编《鼓浪屿研究》第三辑，厦门大学出版社，2015。

树立起中国作为日本的“文化他者”的独特形象。

不言而喻，这样的一系列研究大多是借助台湾学者的前期研究，尤其是许介麟《后藤新平——一个殖民地统治者的记录》（台湾文英堂）、张隆志《台湾近代史上的后藤新平——历史、神话与政治》①，也参阅了日本学者河野龙也撰写的围绕日本文学者佐藤春夫（1892—1964 年）的厦门考察的系列研究，即《佐藤春夫『南方紀行』の中国近代》②。换言之，来自境外学者的厦门或者鼓浪屿的研究，为本土学者的研究提供了极为丰富的材料与视角。基于此，本文拟通过概述日本学者“厦门研究”的最新视角，具体而言，也就是井上智胜的人类学研究、河野龙也的跨文化研究、恩田重直的都市学研究，以他们撰述的厦门研究的论著为对象，通过延展文本研究的宏大叙事、深入文本研究的缜密细微，从而为接下来的厦门或鼓浪屿学术研究的“视域拓展”，乃至厦门或鼓浪屿的“文化境位”提供来自外部视野的参考与借鉴。

一　人类学研究：以石敢当为对象

基于厦门或者鼓浪屿是一个异质性的“地域”的根本事实，故而在一开始日本学者就将之纳入人类学的研究视野。围绕厦门或鼓浪屿的人类学研究，或许可以联想到妈祖文化、保生大帝、送王船等一系列研究对象，不过，作为最新的研究，日本埼玉大学井上智胜教授的研究，即《厦门石敢当研究》③ 成为当下日本的厦门研究的一大亮点。

依照井上教授的阐述，这一研究借助了 2016 年 4~6 月的以厦门大学为据点、以宗祠寺庙为主要对象而进行的实地考察。这一实地考察延续了迄今为止的日本学者的厦门研究。依照井上教授的阐述，1943 年，也就是战前，日本学者海江田正孝出版了题为《厦门的石敢当和驱邪》的调研报告，确认旧厦门市内留存着 65 座石敢当。但是，针对石敢当的所在地、周边环境、石碑尺寸等一系列基本信息未能予以完整提供。④ 人类学者窪德忠在 1985 年造访厦门之际，确定了厦门一地的石敢当的数量，尽管对海江田正孝的研究成果予以认同，但是也没有提供更为翔实的信息。⑤ 不过，20 世纪 80 年代以来，厦门作为经济特区进入快速发展的阶段，作为历史文物的石敢当是否保留下来？而且具

① 张隆志：《台湾近代史上的后藤新平——历史、神话与政治》，台北历史博物馆，2011。

② 《佐藤春夫『南方紀行』の中国近代》，日本实践女子大学，《实践国文学》杂志。

③ 该文的原标题为《厦門の石敢當》，收录于《埼玉大学纪要》第 52 卷第 1 号，埼玉大学教养学部，2016。

④ 海江田正孝：《厦門に於ける石と驅邪》，《民俗台湾》312，通卷 20，1943。

⑤ 窪德忠：《石敢當・石獅と風獅爺》，《東方学》第 72 辑，1986。

有什么样的变迁？具有什么样的新样态？就是抱着这样的目的，井上教授开始了厦门石敢当的研究。

首先，就概念而言，何谓石敢当？依照井上教授的阐述，这一物品是以中国为起源的辟邪咒物，这一点延续了海江田正孝确立下来的基本范畴。但是井上教授指出，中国的这一信仰也流传到越南、日本，并随着华侨的迁移而传播到了世界各地。日本的石敢当信仰就是以冲绳为起点，进而传播到以九州南部为核心的日本各地。基于这一事实，井上教授指出，石敢当不仅是探究东亚文化交涉轨迹的重要佐证,同时也是思索东亚宗教信仰的有益素材。换言之，所谓厦门石敢当，井上教授的着眼点绝不只是厦门一地，也不仅仅是福建本地的信仰，而是将之扩展到了整个东亚，既将之视为东亚的文化实体之间相互交涉、彼此影响的一大符号，也将之作为将来构筑起整个东亚的共同信仰或者学问类型的一大素材。

若是就这一点来加以阐释的话，正如我们如今提倡的“人类命运共同体”一样，厦门石敢当文化既牵涉到过去的东亚文化是如何彼此联系、相互影响的问题，也展现出在面对近代西方坚船利炮的冲击，乃至后来的所谓“文明开化”的冲击之际，东方究竟如何构筑起了共同的宗教信仰的问题。宗教信仰的冲击，事实上超越了政治制度、社会机制、文化思想的冲击，可谓最为深层、最为震撼的冲击。不仅如此，作为民间信仰的重要一环，石敢当的价值不仅体现在传统的佛教、儒学的往来，也体现在道教方面，进而与整个东亚人的日常生活紧密结合在一起，从而具有更为具体、更具实质的深刻内涵。

其次，就研究方法而言，井上教授的研究完全依循了人类学的研究方法，采取了实证考察的方式，统括了厦门城市中心、曾厝垵、浦口社、风头社、翔安新莲路、厦门大学校内的石敢当遗迹。与此同时，井上教授还提到了石狮的信仰——涉及同安、厦门中心城区、漳州市诏安县南诏镇东城村功臣庙内石狮爷公庙等多个地区，不仅列出了具体的坐标、图片，还进行了文字表述，构筑起极为完善、极具实证的厦门本土民间信仰研究，成为延续20世纪40年代、80年代之后的，以21世纪的第2个10年为基点，持续间隔40年的前沿性的调查研究。

就此而言，我们如今在推动这样的人类学研究之际，是否也忽略了作为传统文化要素之一的石敢当？不言而喻，站在当下的新农村建设的视角，挖掘传统文物，找寻历史遗迹，推动非物质文化遗产建设，构筑起乡村振兴的新起点，也是一个紧迫任务或者说重大课题。但是，正如井上教授关注到的石敢当与石狮一样，这种完全融入我们的日常生活且被我们惯性地忽视了的存在，也有无限的研究价值。不仅如此，这样的文化遗产、文化遗迹散在民间，毫不起眼地存在于我们的生活空间之中，是否可以发现它的存在，是否正视它们的存在价值，也是对于当下的我们的一大考验。

最后，作为结论，井上教授指出，石敢当不仅具有辟邪的功能，且与石狮具有不可分的联系。石敢当与佛、神之间保持着极为接近的关联性，也具有作为地域界牌的功能。最为突出的就是该文在最后指出，在为井上教授的厦门石敢当研究的调研活动提供帮助、热心解答的市民之中出现了不少青少年。这一点也象征着石敢当的文化被下一代人继承下来。中国的都市在不断地走向现代化，不少默默无闻的文化遗产面临着消失的危险，但是这样的文化如今正被青年一代继承下来。这是一个根本的事实。石敢当确实与当今的厦门文化保持着同步的气息。

井上教授针对石敢当的功能——辟邪、信仰、界牌的研究，极大地丰富了这一研究的内涵。尤其是与海江田正孝提出的辟邪的功能相比，井上教授更将之加以延展，确立了生活信仰、地域界牌的新职能。但是，本文认为最重要的是井上教授在研究之中提出的一点希望，就是中国的青少年开始关注这样的传统文化遗产，并参与文化遗产的保护与重塑的活动之中。这一点应该与鼓浪屿申遗之际的厦门或者鼓浪屿的文化建设、文化振兴密不可分。不言而喻，厦门的未来在于青少年，厦门的历史必将为青少年所书写、为青少年所延续，这也是井上教授为厦门或者鼓浪屿的研究展示出来的一个美好未来。

二　跨文化研究：以佐藤春夫为对象

探究日本人与厦门的研究，则不得不提现代日本文学史上的一个重要人物，即与田汉、郁达夫等不少中国文人保持交往的日本作家——佐藤春夫。承前所述，1920 年 2 月，佐藤春夫接到在台湾南部打狗（即高雄）行医的高中同窗东熙市的邀请，开始策划南方之旅，并于同年 6 月成行。继台湾之后，佐藤于同年 7 月 21 日至 8 月上旬游历了对岸的厦门、漳州等地。[①] 回国之后，佐藤即以本次福建南部旅行的见闻为素材，对之前业已发表的作品进行改写，合并了《厦门印象》（原载于 1921 年 11 月《野依杂志》，旧标题为《就像侦探小说里出现的人物》）、《章美雪女士之墓》、《集美学校》、《鹭江的月明》和《漳州》等五篇内容，最终结集以《南方纪行——厦门采访册》之名出版。

① 大久保典夫：《佐藤春夫　南方紀行》，载松村定孝等编《近代日本文学における中国像》，东京：有斐阁，1975，第 84 页。

围绕佐藤春夫的厦门之行，迄今为止出现了不少前期研究。1975 年，日本学者大久保典夫就编撰了《佐藤春夫 南方纪行》一文，收录于松村定孝等编的《近代日本文学における中国像》[①] 之中。而后，日本学者森崎光子关注到佐藤春夫的福建之旅，撰写了《佐藤春夫と台湾・福建省の旅——『南方紀行』『霧社』の旅》一文，收录在芦谷信和等编的《作家のアジア体験——近代日本文学の陰画》[②] 之中。中国学者武继平也撰写了《佐藤春夫的中国观论考》[③] 一文，而后中国学者胡令远、叶海唐等人翻译了《南方纪行》[④]。就在佐藤春夫的中国研究，或者说《南方纪行》逐渐被世人关注的过程中，厦门研究或者鼓浪屿研究也得到了学术界的重视。不过，在这一批研究者之中，始终将厦门作为一个研究重点，始终关注佐藤春夫与厦门这一主题的，则不得不提日本实践女子大学河野龙也教授。

河野龙也教授以佐藤春夫与厦门为主题的学术研究，可以追溯到 2011 年。以《佐藤春夫『南方紀行』の中国近代》为标题，河野教授在《实践国文学》杂志先后发表了一系列文章，分别是《作家が見た軍閥割拠の時代》（2011 年）、《漳州訪問先のこと》（2012 年）、《東熙市と鄭享綬》（2013 年）、《筆談が生んだ「誤解」》。与此同时，河野教授还发表了《佐藤春夫『南方紀行』の路地裏世界——厦門租界と煙草商戦の「愛国」》、《佐藤春夫が描いた厦門——体験の現場と創作の風景をめぐって》。尤其是 2019 年出版的《佐藤春夫と大正日本の感性》（鼎书房）一书，也涉及佐藤春夫的厦门考察。那么，这样的系列研究具有什么样的特征，呈现什么样的研究趋势，它们也是本文尝试探究的问题。

首先，正如河野教授的系列研究论文的标题所示，在佐藤春夫《南方纪行》这个主题下，分别构筑起军阀割据的历史大事件、20 世纪 20 年代的漳州考察、东熙市与郑亨绶的人物研究乃至最后的“笔谈”文学的研究。换言之，河野教授在这样的系列研究之中将历史大事件、地域考察、人物研究、笔谈或者版本研究融合在一起，构成了一个多样化、跨学科、综合性的研究。最为关键的，或许也在于这一系列研究的主题之一，即“中国近代”。也就是说，河野教授在此是将佐藤春夫的考察定位在中国近代这样的境位之下，将佐藤春夫的南方考察把握为中国近代研究的一个符号、一面镜子。这一点无疑具有了象征性的内涵。

---

① 松村定孝等编《近代日本文学における中国像》，东京：有斐阁，1975。

② 森崎光子：《佐藤春夫と台湾・福建省の旅——『南方紀行』『霧社』の旅》，载芦谷信和等编《作家のアジア体験——近代日本文学の陰画》，京都：世界思想社，1992。

③ 武继平：《佐藤春夫的中国观论考》，《浙江学刊》2007 年第 5 期。

④ 〔日〕佐藤春夫：《南方纪行》，胡令远、叶海唐译，浙江文艺出版社，2018。

众所周知，近代日本知识分子的中国考察，正如张明杰主编的“近代日本人中国游记”丛书所示，大部分日本学者关注的都是中国政治、经济、文化的核心区域，或者是北京，或者是上海，也间或穿插了以武汉、郑州、重庆为代表的中国内地，但是针对“异域中国”之中的“异域”，也就是福建，几乎不曾进行任何描述。因此，以佐藤春夫的《南方纪行》为对象来展开研究，可以更为直接地勾勒出日本学者究竟是站在一个什么样的文明观念下来把握中国、认识中国，也就是如何确立中国的文化境位的问题。就此而言，河野龙也教授的研究为我们自身考察20世纪20年代的中国提供了一个宏大广阔的视野、一个细微缜密的对象，也就是厦门研究。

其次，审视河野教授的佐藤春夫研究，我们也可以认识到作为镜像的厦门究竟发挥了什么样的价值。在河野教授的研究之中，除了本文提示的《佐藤春夫『南方紀行』の中国近代》之外，河野教授还出版了《佐藤春夫と大正日本の感性》一书，撰写了《佐藤春夫が描いた厦門——体験の現場と創作の風景をめぐって》[①]、《佐藤春夫『南方紀行』の路地裏世界——厦門租界と煙草商戦の「愛国」》[②] 两篇论文。具体而言，一方面，作为体验与创作的风景，厦门为佐藤春夫的自我认识提供了无限的想象，也提供了审视自身的独特空间。佐藤春夫由此认识到自身作为日本人的思想觉悟，进而认识到如何把握中国与日本之间的问题。这样的觉悟与认识潜存在佐藤春夫的心底，为战争时期佐藤春夫的中国认识与自我定位埋下伏笔。另一方面，爱国问题与1919年的“五四运动”之后的福建、厦门的问题牵涉在一起，成为厦门的里巷世界的政治意向的一大标志，也牵涉烟草商战的中日之争。换言之，佐藤春夫描述下的厦门成为大变革时期中国的一个缩影。

概而言之，河野龙也教授的佐藤春夫《南方纪行》的研究，并没有将佐藤春夫、南方、厦门视为一个封闭的视域，也没有将这一研究固化为一个封闭的视域，而是蕴藏着无限的可能性，尤其是在字里行间展现出的一系列潜在而深刻的问题。佐藤春夫何以与奔赴漳州的蒋介石“共渡”与“错过”？何以把握厦门、漳州与台湾？何以区分大陆人、台湾人与日本人？“五四运动”、漳州改革、军阀割据、台湾问题是如何交织在一起，从而构筑起1920年佐藤春夫笔下的南方景象？这样的问题群由此不断衍生下去，带有无与伦比的张力，为后来的研究开启了一个新的视域。

---

① 该文的中译本《佐藤春夫笔下的厦门》，载何瑞福主编《鼓浪屿研究》第六辑，厦门大学出版社，2017。

② 该文的中译本参见河野龙也《佐藤春夫〈南方纪行〉的里巷世界》，王净华、吴光辉译，载何瑞福主编《鼓浪屿研究》第九辑，社会科学文献出版社，2019。

三　都市学研究：以恩田重直为对象

作为新的研究领域，都市学研究如今在日本极为流行。一方面，正如中国学者蒋进国、杨剑龙所指出的，都市文化研究是都市研究（Urban-Studies）和文化研究（Cultural-Studies）的交汇点。都市研究是地理学、建筑学、历史学等学科的交叉点，文化研究是哲学、社会学、人类学、文学等领域的混合体。[①] 由此构筑起来的都市学研究本质上也就是一个跨学科或者交叉学科。同时，如刘士林在《都市文化学：结构框架与理论基础》一文中所阐述的，都市文化学的基本结构包括都市、都市文化、都市文化生产与消费模式、都市文学艺术、都市社会等五大要素，由此也就构筑起都市文化学的结构框架与理论基础。[②] 在这样的新兴学科的感召与影响下，如何构筑起以厦门为核心的都市文化学，也就成为日本学者关注的一大对象。

西方都市文化学关注社会学、历史学语境下的现代都市，关注建筑学视野下的作为异质文化的都市，关注传播学与文学之中的都市影像。不过，最新的都市文化研究关注都市空间的思想脉络、时空的压缩与分延、文化空间的控制等一系列研究问题。[③] 与之不同，作为日本法政大学教授、厦门大学日本人校友会会长，恩田重直教授的研究则是站在建筑学的视角，以《都市空間の近代——民国期の都市改造前後の厦門》[④] 为标题而得以展开。在恩田重直教授的笔下，20 世纪二三十年代的厦门进行了大规模的城市改造，试图重组自明末清初以来形成的这一港口城市。城市改造之中的开辟马路等系列计划不仅改变了既有的城市空间及其固有的景观，也深刻地影响了厦门与厦门人的城市生活。换言之，恩田重直教授的研究依旧注重近代中国的都市改革，注重中国社会的变与不变，尝试刻画出以西方现代都市为摹本的近代化改革究竟给予厦门这一传统的港口城市以什么样的重要影响。

提到恩田重直教授的研究，首先不可忽略的就是一个宏大的视域，即站在近代中国都市改革的立场来把握厦门城市改造的问题。依照恩田重直教授的阐述，中国近代城市规划研究如今取得了丰硕的成果，通过对清朝末年德国、俄国在青岛、大连的租界建设，日本傀儡政权在东北推行的城市规划的研究，通过对民国政府推行的“大上

---

① 蒋进国、杨剑龙：《国外都市文化研究的潜在路径及其反思》，《学术界》2011 年第 2 期。

② 刘士林：《都市文化学：结构框架与理论基础》，《上海师范大学学报（哲学社会科学版）》2007 年第 3 期。

③ 蒋进国、杨剑龙：《国外都市文化研究的潜在路径及其反思》，《学术界》2011 年第 2 期。

④ 〔日〕恩田重直：《近代的城市空间——民国时期城市改造前后的厦门》，载何瑞福主编《鼓浪屿研究》第六辑，厦门大学出版社，2017。

海计划”“南京首都计划”等的研究，恩田重直教授认为近代中国人对于西欧近代城市规划的认识与接受存在着不小的问题。① 那么，厦门在20世纪20年代开始实施的城市改造具有什么样的重要意义或者价值内涵，也就成为当下的我们“评价、考究由中国人自身所创造的历史资源与基本轨迹”的一大契机。

换言之，作为近代都市计划的一环，城市改造在近代中国如何实施，如何被中国人接受，究竟以什么样的形式得以推广，这一问题可以把厦门作为一个对象来加以研究，从而站在以建筑史为基础的城市史的角度，解剖厦门城市空间的变迁与样态。就此而言，与佐藤春夫将南方视为“异域的中国”，将厦门视为“异域的异域”截然不同，恩田重直的都市学研究则是将厦门作为近代中国城市改造，乃至整个中国近代改革的一环来加以把握，厦门与其说是异域性的存在、西方式的翻版——这一点大多借助鼓浪屿来构筑厦门的万国建筑博览，由此来把握厦门的国际性不同，恩田重直的研究更多的是侧重中国人如何接受西方式的城市改造的问题，故而也具有了颠覆传统叙事、构筑新的研究视域的可能性。

其次，与众多的模仿西方以此来构筑厦门城市发展的路径不同，恩田重直站在更为长远的历史视角，直接将厦门的历史指向了1684年清王朝收复台湾之后就设立厦门海关这一事件。② 依照《鹭江志》卷一《关津》的记载，这一时期的厦门“旧有小路头今叶家购海中小屿填筑起盖店屋数十间并路头广阔”。而后，恩田重直转而引用了鸦片战争之后英国在厦门最早租借水操台与南较场这一地区的历史。③ 与此同时，恩田重直还提到了太古、和记、德记洋行等一批进驻海后滩英租界内的外国商社，提到了租界内的土地细分基本是面朝大海、正面较窄、纵深较长的一块区域。在这样的历史叙述之中，恩田重直重点阐述了厦门作为近代都市的本质——港口城市。

恩田重直教授的这一历史阐述，具有无与伦比的重要价值。如果说历史的发展不只是达尔文宣扬的时间轴的进化，同时也存在着空间轴的还原，那么厦门如何把自身还原为一个既带有历史范畴，又具备现代气息的港口都市，则成为恩田重直教授的“厦门构想”的一个不可动摇的基本指针。就此而言，我们如何把握鼓浪屿的未来？如何把握厦门的未来？历史可以照亮未来，历史可以影响当下。站在历史的视角来把握厦门、鼓浪屿的未来，这或许就是恩田重直教授的研究给予我们的一大启示。

---

① 本资料出自恩田重直教授的学术论文。可参见杨秉德主编《中国近代城市与建筑（1840—1949）》（中国建筑工业出版社，1993）、村松伸《大上海計画》（收录于《上海・都市と建築：1842—1949年》，PARCO出版，1991）。

② 周凯纂修《厦门志》卷七《关赋略》。

③ 1844年9月14日，厦门地方道台与英国领事间签署协定，划定了这一区域。根据植田捷雄（《支那に於ける租界の研究》，岩松堂书店，1931，第372页）所述，鸦片战争之际，英军曾占领该地。

最后，恩田重直教授的研究令人印象深刻的一点，就是文献史料的灵活运用。在该文的一开始，恩田重直教授就提到了佐藤春夫的《南方纪行》，还提到了鲁迅在厦门的体验。但是，正如恩田重直教授一笔带过的："佐藤春夫与鲁迅所到访的1920年代，正与这一厦门城市空间蜕变重组的时期相重合。"也就是将佐藤春夫、鲁迅的厦门体验囊括在厦门都市空间的蜕变、重组的宏大叙事之中。不过，这样的材料绝不是恩田重直教授关注的焦点，问题或许就在于它们始终是作为文学类文本而存在的。恩田重直教授未对这种充满想象的、带有惊诧的文学类文本予以阐发性的诠释，而是深入庞大、繁杂的文献史料之中，通过援引《厦门市政志》编纂委员会编撰的《厦门市政志》[①]、汪方文主编的《近代厦门涉外档案史料》[②]、陈志宏写的论文《厦门骑楼建设与近代城市改造》[③]，乃至穿插美国商社向美国领事馆提交的理由书一类的材料来进行阐述，也就是采取正史与稗史相结合的方式来构筑港口城市——厦门的都市变迁、空间演绎的宏大叙事。因此，这样的研究具有极为重要的方法论的价值。

四 结论

对都市文化的研究，正如学者刘士林所提出的，中国出现了"都市连绵区"（周一星）、"城市群"（姚士谋）、"城市密集地区"（周干峙）、"大都市经济圈"（王建）、"组团式城市群"（牛文元）、"集中型的城市化"（牛凤瑞）、"都市化进程"（刘士林）等一系列研究范畴。[④] 但是，这一系列范畴是否适用于厦门这一本质性的港口城市？对此，或许来自境外的学术研究可以给我们提供一种参考与启迪。就此而言，以当下的日本学者的厦门或者鼓浪屿研究为例证，这样的研究既接续了人类学研究的传统方法，也实现了自文学文本向历史文本、社会文本、政治文本乃至都市文本的跨越，更实现了以建筑学为基点的现代都市研究，从而为厦门或者鼓浪屿未来的研究开拓了更为广阔、细微的视野。

未来的城市将走向何处？如何构筑现代性的城市文化？对此，美国都市文化学者卡斯特尔（Manuel Castells，1942—）基于互联网的认识，提出了一种危机式的思索。也就是说，互联网通过超文本（hyper-text）和元语言（meta-language），史无前例地将

① 《厦门市政志》编纂委员会编《厦门市政志》，厦门大学出版社，1991。

② 汪方文主编《近代厦门涉外档案史料》，厦门大学出版社，1997。

③ 陈志宏：《厦门骑楼建设与近代城市改造》，载张复合主编《中国近代建筑研究与保护（一）》，清华大学出版社，1999。

④ 刘士林：《都市文化学的理论自觉与学术新语》，《文化艺术研究》2008年第3期。

文字、口语和视听界面统筹为一个开放互动的整体，产生了所谓的真实虚拟文化(culture of real virtuality)。在这样的背景下，流动空间代替了地方空间，深刻地影响了社会的民主、自由和解放等终极性的价值。[①] 这样一个悲观预言无疑也对现代都市的文化构建带来了巨大的危机，更掣肘了都市文化的生产空间。我们如何在这样的真实虚拟文化的前景下实现突围、实现重构，将是一个巨大的难题。

不过，正如本文阐述的一系列研究所示，我们需要在学问的立场下深入思索，需要在知识的视域下展开想象。就此而言，这一批境外学者的学术研究，与其说指向了作为国际大都市而走向世界的厦门，不如说更多的是关注厦门的本土特色，尤其是在人类学、文学、自然风土等方面具有独特魅力的厦门；与其说指向了作为国家大港口的厦门，不如说更趋向于一种还原意识，也就是作为地域性的港口都市的厦门；与其说关注作为现代化的大都市而展开全球化的建设步伐的厦门，不如说是将之与厦门既有的历史、不断变迁的历史相结合，注重一个具有独特风貌、地域特色的厦门。这样的学问视角既带有跨学科、交叉学科的特点，又针对厦门或者鼓浪屿的未来发展具有潜在的导向性。学问需要落实到实践，学问必须落实到当下，这一点也正是本文的期待。

① Manuel Castells, *The Rise of the Network Society*, Oxford: Blackwell Publishers, 2000, p. 404.

同文结友情　文脉传菲岛
——读《厦门同文旅菲校友会三周年纪念刊》有感

施雪琴*

摘要：《厦门同文旅菲校友会三周年纪念刊》是同文书院旅菲校友在20世纪20年代成立之初刊印的校友会刊，收录了旅菲同文学生创作的中英文时评、小说、寓言、诗歌、散文、翻译作品、菲岛调查报告等。这些文章从形式到内容，反映了同文书院学生融合中西的学识、重视个人修养的品德，以及同文学生爱国家爱民族、服务社会的崇高精神，体现了20世纪初期同文书院教育的精华与成就，不失为研究厦门现代高等教育史与菲律宾华侨历史的重要史料。

关键词： 厦门同文书院　同文旅菲校友会　陈清泉

一　同文书院创办与旅菲校友会

坐落于厦门鼓浪屿对面凤凰山（今改名为同文顶）的同文书院，创建于1898年，由厦门商会与海外华侨倡议捐资兴建，南洋闽籍华侨黄奕住（印尼华侨）、叶清池（旅菲华侨）、黄秀烺（旅菲华侨）、邱振祥（越南华侨）等为筹建同文书院作出了重要贡献。同文书院是晚清大变局时代背景下厦门地方政治社会经济剧变时期的产物，它不仅是厦门历史上的第一所民办新式学校，也是厦门历史上第一所具有现代意义的大学。同文书院创校之初，打破中国传统教育藩篱，开风气之先，在成立学校董事会、聘请外籍教职人员、引进英文教学、开设现代科学艺术课程、提倡男女同校等方面均开了厦门近代教育之先河。同文书院的历史虽只有短短的40多年，却培养了万名以上的学生，其中不乏众多融通中西的优秀人才，对促进近代厦门的文化发展与中外交流作出

* 施雪琴，厦门大学南洋研究院教授、博士生导师，研究方向为东南亚历史社会文化、东南亚华侨华人历史、中国与东南亚关系。

了积极贡献。值得关注的是，由于厦门毗邻南洋，且同文书院与南洋华侨社会的特殊渊源，不少同文书院的老师和学生与南洋社会有千丝万缕的联系，许多同文师生前往南洋经营事业。他们在南洋拼搏创业的经历，不仅书写了个人的沧桑人生，更延续了崇文重礼的同文文脉，弘扬了中西包容的同文气质，传承了桑梓情深的同文精神，值得载史铭记。其中，旅居菲律宾的同文师生更是引人注目，出现了陈桂琛①、苏警予②、王美璋③、高文显④、陈掌谔⑤、叶天送⑥、陈清泉⑦等足以载入菲律宾华侨史册的优秀同文校友。

菲律宾与厦门，一水相连，不少同文师生南渡菲岛，谋生发展。20 世纪 20 年代，旅菲同文校友人数达 300 多人，⑧ 对于当时只有 20 多年历史、毕业生共 2000 多人的同文书院而言，这个数目不可小觑。因此，1924 年，菲律宾同文校友为加强校友联络，互助

---

① 陈桂琛，字丹初，近代厦门文化名人，著名诗人。1937 年 6 月，应菲律宾宿务中华中学之邀，陈桂琛前往该校讲学。抗战全面爆发后，陈桂琛滞留海外，投身华侨教育事业，后从宿务转往棉兰老地区，担任古达磨岛中华中学教员。在菲律宾服务侨教期间，陈桂琛以学校为抗日阵地，积极向华侨学生宣传民族主义与爱国主义思想。1944 年 6 月，被日军杀害于棉兰老岛的古达磨百雅渊山区。参见陈桂琛《陈丹初先生遗稿（外一种）》，厦门大学出版社，2017。

② 苏警予，祖籍南安，厦门知名诗人与书法家，早年加入中国同盟会，辛亥革命后曾执教于厦门同文书院、励志女校。抗日战争爆发时，南渡菲律宾，受侨领李清泉之请担任“菲律宾华侨援助抗敌委员会”秘书，投身华侨抗日救亡运动。抗战胜利后，任菲律宾华侨文学团体“籁社”首届社长，出版《菲岛杂诗》《旷劫集》等诗文集 30 多种。

③ 王美璋，原籍福建厦门，1905 年出生，先后就读于厦门同文书院、菲律宾大学宿务分校、上海大夏大学及厦门大学。1930 年毕业于厦门大学，获商科学士学位。1933 年，他受聘赴宿务，担任中山中学校长。后历任古达磨岛中华中学、独鲁万兴华中学、描戈律大同中学等学校校长，可谓一生服务侨教事业，鞠躬尽瘁。

④ 高文显，福建南安人，生于 1913 年，自幼受其母影响，皈依佛教，法号开平。他 9 岁随父南渡菲律宾，后返乡，曾就读于厦门同文书院。他爱好文艺，尤擅散文与新诗创作，常有诗文作品见于厦门报纸的文艺副刊。他后入读厦门大学教育学系，再转赴菲律宾，辗转于马尼拉与厦门两地，服务于马尼拉曙光学校、培育学校、普贤中学，并创办慈恩学校。1954 年，他赴棉兰老岛三宝颜中华中学任教，长达 12 年。他博学多才，1963 年还创作了《三宝颜中华中学毕业歌》，流传至今。1967 年，他赴马尼拉能仁中学任教。高文显佛学造诣深厚，与闽南高僧性愿法师、弘一法师等结下殊胜因缘。他一生修身敬业，弘扬佛法，服务华教，功德无量。

⑤ 陈掌谔，1897 年出生于福建同安县嘉禾里（今属厦门市），早年入读厦门同文书院。他爱好体育运动，尤其喜爱田径和篮球，1919 年曾代表中国赴菲律宾参加第四届远东运动会。1923 年，陈掌谔得到菲律宾华侨体育热心人士林珠光的资助，远赴美国春田体育大学深造。回国后，他先后在暨南大学和厦门大学主持体育教务，并多次担任福建省和厦门市运动会的总裁判与运动队总教练。1938 年 5 月，厦门沦陷，他南渡菲律宾，先在马尼拉中华基督教青年会体育部服务，后还曾担任菲律宾大学的体育教授和华侨体育机构负责人。关于陈掌谔生平事迹，可参见陈掌谔编《菲律宾体育与华侨》，菲律宾体育编纂社，1930。

⑥ 叶天送，祖籍福建厦门，菲律宾华侨富商、厦门同文书院创办人叶清池之孙，曾担任厦门中兴银行总经理、马尼拉中兴银行副总经理、菲律宾中华基督教青年会董事。

⑦ 陈清泉，厦门同文书院毕业生。后旅居菲律宾纳卯（达沃），为当地著名侨领，曾担任纳卯中华商会第十四、十五届理事长，纳卯华侨教育会第八、九届会长兼中华学校常务理事（1933—1934 年），是菲律宾华侨抗敌后援会纳卯分会发起人兼主席。1942 年在纳卯被日军逮捕杀害。

⑧ Ong Kong Suy，“How to Improve Our Alumni Association,” 载《厦门同文旅菲校友会三周年纪念刊》，第 35 页。

提携，发起成立了“厦门同文旅菲校友会”（The Amoy Tung Wen Alumni Association in the Philippines）。成立之初，虽只有数位校友加入，成为正式会员处理会务，但他们仍不辞辛苦，刊印旅菲同文校友会会刊，作为联络友情、抒发情怀、针砭时事、关心家国的平台。1926 年旅菲同文校友会注册会员发展到 50 多人，逐渐壮大，1927 年在马尼拉刊印出版了《厦门同文旅菲校友会三周年纪念刊》，此刊物虽只有薄薄的 40 多页，却包含了多样的文章体裁、丰富的主题与信息。该纪念刊收录了旅菲同文学生创作的中英文时评、小说、寓言、诗歌、散文、翻译作品、菲岛调查报告等，这些形式多样、主题丰富的作品不仅反映了同文学生融合中西的学识、重视个人修养的品德，更重要的是体现了同文学生关心国家、服务社会的崇高精神。该刊收录的作品，从创作形式到文章主题，充分体现了 20 世纪初期同文书院人文教育的精华与成就，可以说是研究厦门高等教育史的珍贵史料。值得指出的是，该纪念刊也是研究菲岛华侨史不可忽视的资料。众所周知，20 世纪初期的菲律宾华侨社会，华侨教育处于萌芽状态，华侨学校屈指可数，除马尼拉的中西学校（1899 年）与爱国学校（1912 年）外，外岛华侨聚居的商埠只有怡朗、宿务、三宝颜等地侨社分别创办了怡朗华商学校（1915 年）、宿务中华学校（1915 年）与三宝颜国民学校（后改名为三宝颜中华中学）。所以，教育资源有限，能接受初等教育的菲律宾华侨人数不多，接受过现代高等教育的华侨更是凤毛麟角。因此，那时接受过现代高等教育熏陶的旅菲同文师生，可谓新型华侨，是菲律宾华侨社会中的“士”者群体，他们当中不少人具有融通中西的学识、追求高洁品德修养的旨趣、报效国家的理想，以及服务社会的情怀，可以说既体现了中国儒家思想所提倡的君子“修身齐家治国平天下”的道德理想，同时又折射了近代同文书院教育中所灌输的现代人文主义思想。因此，聚焦旅菲同文校友群体，考察其言行，不仅能窥见早期厦门现代教育的成效，而且对深化菲律宾华侨历史的研究不无裨益。笔者有幸偶得《厦门同文旅菲校友会三周年纪念刊》（见图 1），被其文字内容触动，今撰写小文，希望通过对《厦门同文旅菲校友会三周年纪念刊》的剖析，一起品读一个世纪以前旅菲同文学子的精神世界，共同追溯同文文脉在菲岛的传续与流芳。

二　寄语、篇目与英文

为了使读者了解《厦门同文旅菲校友会三周年纪念刊》的大致情况，有必要先介绍该纪念刊的主要内容。这本纪念刊由陈桂琛撰写刊名。该刊除周殿薰（周墨史）赠言、陈桂琛作序外，还刊载了 20 多位同文校友创作的各类题材的作品。它们主要是评论类文章与文学作品，如署名笨伯的《同文旅菲校友会应具之精神》、署名山的同文学

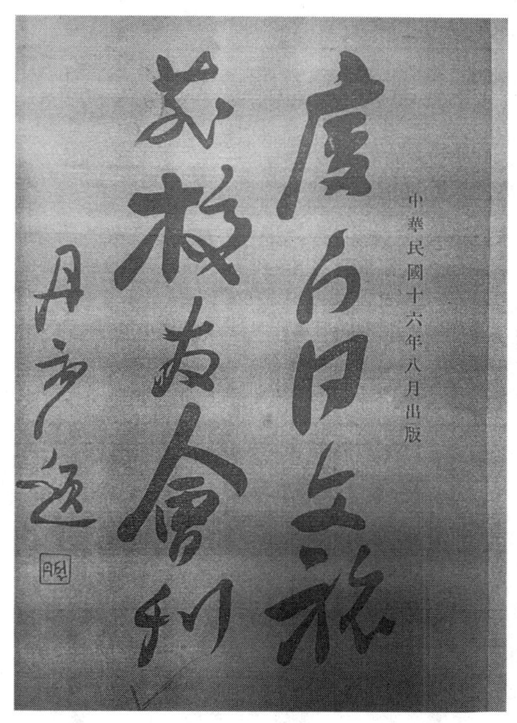

图 1　《厦门同文旅菲校友会刊》封面

资料来源：厦门市图书馆收藏。

子撰写的《同学们应具有的精神》、苏宗信的《校友会前途之希望》、洪满载的《人生与环境之关系》、卢德元的《青年人修养之必要》、陈寿全的《我也来谈谈平民教育》等评论文章。此外，该刊还收录了同文学子的文学类作品，如周家森的诗歌《暮春即事》、陈清泉的《Apo 山下访 Bagobo》《夜泊孤屿 Balut Island》、陈天赐的《诗歌》、赖少勋诗歌译作《家乡——甜蜜的家乡》（原作者为美国诗人 John Howard Payne）、陈清泉的散文《祖母的杖》、林耀华的小说《洲仔岸的街上》、署名云樵的散文《回忆》，以及蒋树青的小说《兰姑娘》。

值得一提的是，同文校友陈清泉（见图 2）还撰写了关于菲律宾南部重镇纳卯的社会经济情况的《纳卯的调查记》[①]，这是菲律宾华侨历史上第一份关于棉兰老岛重镇纳卯的调查报告。美国占领菲律宾后，为更有效地统治菲律宾南部穆斯林地区，加快了对棉兰老岛的开发，将棉兰老岛誉为“希望之地”，实施一系列土地开发优惠政策，鼓励吕宋岛与米沙鄢群岛的农民迁移到棉兰老岛进行开发。鉴于马尼拉商业竞争日趋

① 陈清泉：《纳卯的调查记》，载《厦门同文旅菲校友会三周年纪念刊》，第 21~28 页。

激烈，一些有远见卓识的华侨也意识到棉兰老岛的开发对菲律宾华侨社会发展的重要性，开始呼吁华侨重视棉兰老岛的开拓。菲律宾华侨陈清泉率先在20世纪20年代对棉兰老岛纳卯开展调查，后来他在《厦门同文旅菲校友会三周年纪念刊》发表了《纳卯的调查记》。他在文中指出菲律宾华侨商业面临的困境，尤其是日趋残酷的零售商业竞争环境，他调查了纳卯的白麻、椰干行业，日本人在纳卯的投资与影响，呼吁华侨"有资者投其资""有力者劳其力""到岷兰老来""到农田去"。陈清泉久居纳卯，对当地的社会经济有深入的观察，对华人商业发展有长远的思考，他的调查报告，为菲华社会经济发展前途指出了方向，对推动华侨南进开发、促进华侨商业发展具有重要的意义。

图2 陈清泉

资料来源：《菲律宾纳卯中华中学钻禧纪念刊（1923—1983）》。

此外，同文学生接受过良好的英文教育，他们良好的英文水平也体现在这本纪念刊之中，这本纪念刊刊印了同文学子用英文撰写的评论与文艺作品。如陈朝文撰写的"The History of Our Association"（《校友会简史》）、王江水撰写的"How to Improve Our Alumni Association"（《如何办好校友会》）、王彩南撰写的"Power of Remembering"（《记忆的力量》）、杨文昭撰写的"Why China is Poor and Chaotic"（《中国为什么贫穷混乱》）、白标第撰写的"The Evils of Carnality"（《肉欲的罪恶》）、马丕承撰写的"Compulsory Education Should be Adopted"（《实行义务教育》）、陈朝文撰写的"China's Future Expectation from the Philippines"（《中菲关系展望》）、陈清泉撰写的"My Schoolmate"（《我的同学》）、陈友坤撰写的"Under what Circumstance One's Heart

Feels Contented"（《论心随境安》）、陈德坤撰写的"A Fable"（《寓言一则》），以及叶清华撰写的"Notes from Alma Mater"（《母校简讯》）。这些英文作品，题材多样，主题鲜明，有的文章立意、结构、用词都不乏匠心，体现了厦门同文书院现代英文教育的质量。

三　爱国、救国与校友会

同文旅菲校友会的创办是众多同文学子旅居菲律宾的自然产物，同文书院师生对其倾注了感情与期望。周殿薰校长在该纪念刊的赠言中将同文毕业生比喻为出嫁之女儿，希望学子身居海外，也时刻关注母校的发展。他在赠言中写道："母校学生数日见发达，而教育经费之困难，与教育人才之缺乏，维持者深费苦心，希望校友能以财力学力赞助母校，或建立事业以为母校光，是则母校之所望也。"①

陈桂琛在该纪念刊序言中也对同文校友寄予厚望，他嘱托旅菲同文学子不忘国家危难，不畏海外险境，自强不息，努力奋斗，为国争光，为校添彩。他写道："国内有五卅血案，国外则有排华风潮，侨居海外者，其受创当倍深。愿诸君子朝乾夕惕，淬砺自强。以立己立人为心，以爱群爱国为志。谋所以为祖国光，庶不负母校树人之旨也。"②

这些殷切希望与嘱托，激发了同文旅菲校友思考办好校友会的意义与途径。同文旅菲校友、宿务中华学校教师陈智平在该纪念刊发文写道："同文创立30年来，校友不下一二千人，散居各省，各大州县，旅外国者尤其南洋群岛为尤多，相与竭其心力，谋所以益母校光母校者，则他日母校之盛，当不可量。"③ 文中阐明了海外校友对光耀母校的意义。而署名笨伯的同文校友在《同文旅菲校友会应具之精神》一文中，进一步指出办好校友会的途径。④ 他在文中指出，校友会不仅是校友团结的外在形式，更应具有内在精神。他认为，首先，校友会对学问当兴孟晋之精神。希望校友会除以文会友、联络校友同窗情感之外，还应加强琢磨切磋，探讨高深学问。他呼吁建立小型图书馆，订阅国内外重要杂志书籍，灌输先进知识技能，造福校友。其次，校友会对社会要具有积极表示之精神，造福社会。他认为同文旅菲校友，代表了同文精神，也是中国国民精神之象征。除了研究学问外，还应该积极参与社会事业。如何参与社会事业？他提出，一是应有高尚之人格，加强团结，临事敢为；二是要关注国家大事，闻

---

① 周殿薰：《同文旅菲校友会三周年纪念刊赠言》，载《厦门同文旅菲校友会三周年纪念刊》，第1页。

② 丹初：《序：小引》，载《厦门同文旅菲校友会三周年纪念刊》，第2页。

③ 陈智平：《同文旅菲校友会三周年纪念刊序》，载《厦门同文旅菲校友会三周年纪念刊》，第2页。

④ 笨伯：《同文旅菲校友会应具之精神》，载《厦门同文旅菲校友会三周年纪念刊》，第3~4页。

风响应国内社会政治运动，要用文字宣传，要到街头演讲，对国内的政治事件作出积极响应，比如对“五卅运动”，反对不平等条约等政治运动应该作出积极声援。作为受过高等教育的同文学子，应在知识水平上高于一般旅菲侨胞，引导海外侨胞拓宽视野，推动他们关心国家大事。旅菲同文学子发出“兴孟晋之精神，研究高深之学问”“同文精神即中国国民之精神”“积极参与社会事业，闻风响应国内政治”“引导一般旅菲侨胞关心国家大事”的倡议与呼声，可以说充分体现了百年前旅菲同文学子表现出来的非一般海外华侨可比的见识、视野与格局，这对启发海外华侨的民智具有深远的意义。

发挥同文爱国救国之精神是海外同文学子的共识。署名山的同文旅菲校友在《同学们应具有的精神》一文中，痛斥军阀混战，国家四分五裂，列强肆虐，中华大地民不聊生的惨状；驳斥外国野心家歧视中国，高唱“黄祸”论的荒谬，他感叹中国国民缺乏宣传能力，不能把中国数千年的文化、历代的国光以及国民精神向世界表扬与宣传。他认为，对待列强的侵略与压迫，要用多种手段来还击，其中民族文化、民族精神的宣传不可缺乏。他号召同文学子应该担负起宣传之责任。“素受母校教诲之得宜。故多略通中西文字，遍观欧美各国以及南洋群岛，都有吾们同学校友的足迹，于此可知吾校友们与外人接触特多，所以我们可把吾国道德的高尚，物质的文明，人群的进化，民众的运动，以及今后应革的事业，尽量地对外宣传，于国家前途裨益不少，或许可收无限的效果，将来进而和世界民族共同携手，来杀除世界上一切野心家的恶势力，同道世界大同人类博爱之旨，共享和平之乐，则吾中华民国国旗飘扬地球之上，而吾校友会亦有荣焉！”① 同文学子关心国家民族前途，以中华民族历史文明为傲、呼吁世界大同、维护人类和平的理想与追求跃然纸上。

同文旅菲校友关注祖国的命运，探索救国救民的途径，杨文昭在《中国为什么贫穷混乱》一文中分析了中国的政治与外交。他认为造成中国积弱积贫与动荡不安的主要因素有三点。一是军阀混战，造成国家战火不断，满目疮痍，民不聊生；二是各派争权夺利，政局动荡，民生维艰；三是外交失败，列强霸凌中国，政府丧权辱国，人民生活水深火热。他特别提到日本政府试图强迫中国政府签署的“二十一条”、爱国学生的抵制日货运动、菲律宾的排华骚乱、英国对中国西部边疆的蚕食、上海发生的“五卅惨案”，他痛陈国人不关心国际事务，呼吁国人觉醒，扪心自问，我能为国家做什么？作者剖析国际国内政治外交，分析中国贫穷落后的根源，忧国忧民之心，跃然纸上。最后，作者呼吁：“做一个爱国者，做中国的脊梁，直面当今中国的困境，探索

① 山：《同学们应具有的精神》，载《厦门同文旅菲校友会三周年纪念刊》，第5~6页。

解决中国问题的方法，做好准备，迎接困难。大家行动起来，拯救中国。”①

为启发民众奋发图强，救亡图存，同文旅菲校友陈德坤创作了英文《寓言一则》。②这则寓言讲述了森林之王狮子家族因为昏聩羸弱而险遭虎狼入侵亡国的故事。故事中，狮王年老病弱，子孙们整日浑浑噩噩，不思进取，领地与子民不断遭到虎狼的侵入与捕食。在武力即强权，强权即正义的丛林法则下，森林法庭也无法阻止虎狼对狮子王国的觊觎与蚕食。最后狮子家族终于从昏睡中醒悟，奋发图强，驱逐了虎狼，捍卫了自己的家园。此寓言以羸弱之病狮比喻古老的中国，以强大邪恶的虎狼比喻西方列强，抨击西方强权即正义的国际法体系对列强侵略的纵容，对弱小国家的伪善，呼吁中国之命运只能依靠国人之自强。这则寓言故事创作方式新颖，寓意深刻，发人深省，令人难忘！

校友会是现代学校的产物，作为一种新型的社会自治组织，其社会文化功能不容忽视，旅菲同文学生身处海外，受海外侨社自治文化与组织之浸染，深知自治组织发展的必要性与重要性，对办好校友会也抱有很大的希望，同文学子苏宗信在《校友会前途之希望》一文中直面校友会初创时期遭遇的困难，勉励旅菲校友群策群力，办好校友会，他写道：“吾们是一个局部小团体，不妨因陋就简，继续维持，各尽其责，如何发展，如何进行，如何改革，把诸良心爱护之至诚。俾得日日腾腾而上，祈得为永久机关。将来大规模建设，以及种种利益校友正当欢迎，实赖诸校友兄弟之再接再厉，共同奋斗，此余对本会十二分之希望也。”③ 对校友会这种新型社会组织发展的途径，同文校友也有独到的见解。时任同文校友会会长王江水在《如何办好校友会》一文中，剖析了校友会的现状与问题，提出了办好校友会的建议。他在文中提到 1926 年同文旅菲校友虽有 300 人之多，但只有一小部分加入了校友会。他呼吁同文毕业生积极加入旅菲校友会。他还分析了同文旅菲校友的社会构成，认为商人与教师占多数，其他的是学生与雇员阶层，指出一部分商人患得患失，不愿付出精力与时间，因而拒绝加入校友会，而很多教师忙于教务，也无暇顾及校友会事务，反而是学生与雇员更愿意加入校友会。他对如何促进校友会发展提出了五点建议：第一，在会费缴纳方面，应强制会员每月缴纳会费。会费应存入有信誉的华人银行，由专人以校友公司的名义开设账户，每位校友会员享有公司股份。第二，以校友会名义成立公司，每个参会校友按照其缴费比例享有相应的股份，公司收益的 1/3 用于校友会发展，2/3 归校友所得。第三，公司职员只能从校友会的注册会员中遴选，除非无法在校友中找到专家与技术人

---

① Yeo Boon Chiau, “Why China is Poor and Chaotic,” 载《厦门同文旅菲校友会三周年纪念刊》，第 39~40 页。

② Tan Tek Koon, “A Fable,” 载《厦门同文旅菲校友会三周年纪念刊》，第 45~46 页。

③ 苏宗信：《校友会前途之希望》，载《厦门同文旅菲校友会三周年纪念刊》，第 4 页。

员，否则不可以对外招聘；第四，校友会应建立合适的教育团体或者雇员管理机构，帮助同文校友找到合适的教职或者其他合适的工作岗位；执行委员会每两个月要对校友的就业或者失业情况进行核查登记，以了解校友工作情况。第五，每年要对介绍新会员加入校友会的校友进行褒奖。[①] 王江水认为这种方式对推动校友会发展有积极作用，有利于促进校友之间的互助提携、促进校友事业的发展、促进同文精神的传承与社会服务意识的提升，这种校友会发展的模式，不仅有利于同文旅菲校友会的发展，而且有利于中国的进步。

四　修身、教育与文艺

人们说厦门现代高等教育滥觞于同文书院，实不为过。从《厦门同文旅菲校友会三周年纪念刊》刊发的同文学子的文字大可窥见早期同文书院现代教育的精华与成就。所刊文章虽不是鸿篇大论，皇皇巨著，但所刊文章不乏微言大义，短小精悍，其中呈现的不仅是同文学子的爱校精神与家国情怀，而且也折射出同文学子在现代人文教育熏陶下养成的追求高尚人格、品德修养的个人旨趣与关注社会问题的责任与使命。涵养个人修养、养成良好的生活习惯是现代教育的重要使命。90 多年前同文书院培养的学生就认识到加强青年人个人修养的重要性。旅菲同文学子卢德元在《青年人修养之必要》一文中，感叹社会上青年，入迷途之人大有所在，“于个人无涵养性情之学，无改造气质之功，殊可痛心，皆乏修养之所致也”。他提出从身体与精神方面来提高青年人的修养。他认为心之修养，主乎静。他引用“知止而后有定，定而后能静，静而后能安，安而后能虑，虑而后能得”，认为“心之修养，静而得知。身之修养，与卫生密切相关”，“饮食起居须有定时，节制饮食，讲究卫生，勤于运动。嫖赌饮之类，青年人尤须慎之”。[②] 同文校友白标第在《肉欲的罪恶》一文中也指出，放纵肉欲将消磨个人的意志，无益于身体与精神的健康。他引用中国历史上周幽王、唐明皇耽于享乐、误政亡国的事例，劝诫华侨青年修身修德，养成健康的生活方式，这样才能有助于个人生活的完美与事业的发展。[③] 这些关于个人品德修养的劝诫文章，对涵养菲华社会良好的社会风尚与道德修养无疑有积极的影响。

而对社会问题，同文学子多关注教育问题，他们认为实行义务教育、平民教育，

---

① Ong Kong Suy, “How to Improve Our Alumni Association,” 载《厦门同文旅菲校友会三周年纪念刊》，第 35~37 页。

② 卢德元：《青年人修养之必要》，载《厦门同文旅菲校友会三周年纪念刊》，第 6~7 页。

③ Pek Piau Tay, “The Evils of Carnality,” 载《厦门同文旅菲校友会三周年纪念刊》，第 40~41 页。

提高全民族的文化素质，是强国之基础。旅菲同文学子陈寿全在《我也来谈谈平民教育》一文中阐述了国家命运与教育的关系。他认为“教育兴，国民的智识就进化了，科学就进步了，物质就文明了，国家因而富强了”。他比较了中国与欧美的国民教育，指出欧美国民教育的普及现状，提出中国要补救教育，就要拼命创办平民学校。他还提出发展平民学校的思路，认为平民学校可以附设在小学校内，要男女学生兼收；教学科目方面，除教授国文、公民常识、算术，有必要教授音乐启发美感；教学方法方面，要采取注入式与启发式，修业期限4个月；师资方面，聘用教学熟练的小学教员，班级按照年龄来安排；上课时间要安排在晚上。这些建议是他在菲律宾观察华侨社会的教育状况的基础上提出来的，认为可在中国社会普遍推广。最后他在文中呼吁：“提倡华侨平民学校；打倒一切不平等的待遇；中国荣光，华侨荣光。”[①] 同文校友马丕承也在《实行义务教育》一文中指出教育强国的重要性，他呼吁中国要尽快实行全民的义务教育。[②] 实行平民教育、义务教育是同文学子在海外面对国家贫弱、华侨愚昧的现状发出的时代呼声，其朴实言论之间流露出深切的忧国忧民之心与兴国强国之志，至今仍令人赞叹！

此外，同文学子多才多艺，其融通人文之风采也体现在校友会纪念刊的诗歌、小说、散文与寓言之中。陈清泉是其中的佼佼者。他不仅撰写了《纳卯的调查记》，还创作了小说、散文与诗歌。他的英文小说《我的同学》一文[③]，记述了与同窗好友 Sisin 的纯真友谊。文中写二人别离后数年又在前往马尼拉的轮船上不期而遇，Sisin 已嫁为人妇，他谨记“君子发乎情止于礼”，只能远观而怯于相认，他遥送祝福，将一段青春的美好记忆埋藏在心灵深处。文章朴实感人，像热带海洋上的一阵清风，吹过又留下一丝温润的气息，令人惆怅。陈清泉还创作了几首反映菲律宾南部棉兰老岛自然风光与文化的诗歌，其中《Apo 山下访 Bagobo》[④] 一诗颇有野趣，诗歌展现了棉兰老岛原始部落 Bagobo 人的日常生活。诗中写道：“红日挂山上，空山一鸟过。坡上生椰树，弄日影扶疏。野人骑野马，崎岖走山坡。山景无限好，野人乐趣多。问君底事忙，终日唤奈何！不见野居者，有如生太初。歉年食树子，丰年煮粳稻。作罢吹胡笳，胡笳声呜呜。不识复不知，优游以终老。林下茅庐小，更显树林高。巍巍一山孤，行行我往矣，何日重现乎？”这首诗语言平淡，通俗易懂，描述了菲律宾少数民族的山居生活，

---

① 陈寿全：《我也来谈谈平民教育》，载《厦门同文旅菲校友会三周年纪念刊》，第7~8页。

② Mah Pee Seng，“Compulsory Education Should be Adopted，”载《厦门同文旅菲校友会三周年纪念刊》，第41页。

③ C. C. Tan，“My Schoolmate，”载《厦门同文旅菲校友会三周年纪念刊》，第42~44页。

④ 陈清泉：《Apo 山下访 Bagobo》，载《厦门同文旅菲校友会三周年纪念刊》，第13~14页。Apo 山，菲律宾最高的活火山，位于棉兰老岛达沃附近。Bagobo，巴戈博族，菲律宾棉兰老岛的山地少数民族。

诗歌中似乎隐约可见作者心中向往的“采菊东篱下，悠然见南山”的心境。撇开诗人在诗歌中显露的意境，诗人寻访 Apo 山下原始部落的行为也值得赞赏。华人与菲人，素来有隔阂，作者能走出华社，访问部落山民，观察记录菲律宾的民族文化，何况 90 多年之前，多数菲人部落山民还处于混沌未开之时，作者能深入其间，其惊人的勇气与见识，实堪称道，令人敬佩！然可悲可叹的是，这位优秀的同文学子、菲律宾华侨社会的杰出领袖因领导菲华抗日运动于 1942 年在纳卯沦陷后不幸惨遭日寇逮捕杀害，时年 43 岁，正值风华！君英年早逝，实为同文之痛，菲华之殇，所幸《厦门同文旅菲校友会三周年纪念刊》保存了烈士之文采，祈能弥补些许遗憾！

百年沧桑，世纪风华，抚今追昔，忆同文风采，滥觞于鼓浪之波，传播于南方之洋，今作小文以载之咏之，以慰同文华侨先贤，祈愿英烈风范长存，同文文脉百世流芳！

新加坡闽籍侨领林庆年与林金泰茶庄*

陈　煜**

摘要：本文通过新加坡林氏大宗祠九龙堂供奉的牌位，回溯闽籍侨领林庆年家族世系，试图厘清百年品牌林金泰茶庄南来新加坡的过程，探讨闽籍华商通过宗乡关系在南洋建立社群网络，在祖籍地安溪、居住地鼓浪屿、侨居地新加坡购地置业，依靠三地资源建立起跨地域的商业经营这一议题。

关键词：林庆年　林金泰茶庄　新加坡　安溪　鼓浪屿

1968年12月6日，出生于安溪罗岩的闽籍侨领林庆年（Lim Keng Lian，1893—1968年）在新加坡去世，享年76岁，新加坡、马来西亚华社对他的离世深表哀悼，《星洲日报》刊发长篇文章记述其生平，谈及他的商业成就，赞颂他对华社的贡献，概括了他的人格魅力——“凡社会福利及重要公益事业，无不躬身其事，而深受各机关社团之倚重，要务纷集，日理万机，盖能者多劳，其为人恭谦礼让，文质彬彬，有君子之风，劳怨不辞，是以无论远近亲疏，咸器重之，夫以一个书生，内蕴经纶，外形坚毅，发奋有为，流惠邦家，造福人群，堪为世范”①。

关于林庆年生平事迹，在新加坡安溪会馆等会馆机构的纪念刊中有短文记载。他不仅是百年老字号林金泰茶庄的主人，还负责该茶行在新加坡的茶叶及汇兑业务；他担任华商银行董事时，力促和丰、华侨、华商三家银行合并，成立资本雄厚的华资银行——华侨银行；他热心公益事业，在新加坡担任的社会职务包括：新加坡中华总商会会长、茶业公会主席、安溪会馆主席及名誉主席、九龙堂林氏大宗祠会长、福建会馆教育科主任及理事、南洋大学执行委员、同济医院名誉主席、平社社长、南洋女中

* 本文初稿刊登于《源》2021年第3期，“吾乡吾厝”专栏，第4~7页。2021年8月修订后，收录于本书。

** 陈煜，哲学博士，新加坡国立大学建筑系教师，研究方向为华侨华人文化遗产的研究与保护。

① 《林金泰茶庄主人林庆年，昨不幸病逝于私寓，遗体十日下午出殡，届时执绋致祭者当有一番荣哀》，《星洲日报》1968年12月7日，第17页。

图 1　林庆年

资料来源：《新加坡安溪会馆三十周年纪念特刊》。

校董事会主席、华侨中学董事、中华女中董事，以及其他学校董事等。民国时期，南京国民政府召开国民大会，林庆年被推选为全南洋 4 位华侨代表之一，前往出席会议。抗日战争爆发后，他领导新加坡和马来西亚华侨筹款支持国民政府抗日。在日本占领新加坡之前，他逃离新加坡辗转前往重庆，受任为中华民国国民参政会参政员及大同银行董事等，二战结束后返回新加坡。[①]

对于林庆年这位闽籍侨领，目前有两位学人有较为深入的论述：其一是林捷胜在对福建茶业贸易史展开的研究中，论及林庆年与林金泰茶庄在新加坡茶业中的影响力；[②] 其二是新加坡国立大学中文系王娟的荣誉学士学位论文，侧重评述林庆年在新加坡中华总商会和福建会馆所做的贡献。[③] 林庆年在新加坡和马来西亚担任的社会职务极多，坊间较为关注的是他作为福建会馆教育科主任时的成就，在他的倡导下，华校开始采用华文教学，举办联合会考确保教学质量，以及他在担任新加坡中华总商会会长期间，领导南洋华侨筹赈救灾抗日等。

目前关于林庆年的研究，鲜少论及其家族世系与宗乡网络，特别是与祖籍地的关

① 《新加坡安溪会馆三十周年纪念特刊》，新加坡安溪会馆，1953；《新加坡安溪会馆金禧纪念特刊（1922—1972）》，新加坡安溪会馆，1973。

② Lim Jason, *Linking an Asian Transregional Commerce in Tea: Overseas Chinese Merchants in the Fujian-Singapore Trade, 1920-1960*, Leiden & Boston: Brill, 2010.

③ 王娟：《林庆年：20 世纪上半叶新加坡华社领袖》，荣誉学士学位论文，新加坡国立大学，2015。

联。1926 年 2 月，林庆年受家族重托，在吉隆坡谐街设立林金泰茶庄，年中本地媒体报道该茶庄参与安溪公立珊屏平民小学校的募捐活动；[①] 1927 年 6 月，林庆年在新加坡源顺街设立林金泰茶庄，兼营汇兑银信业务，年底其名字即出现在新加坡林氏大宗祠九龙堂（以下简称“九龙堂”）董事名单上，林金泰茶庄成为九龙堂重要资助人之一。[②] 不难看出，林庆年在极短的时间内融入新加坡和马来西亚的安溪（地缘）与林氏（血缘）的宗乡网络，此后一直担任这些宗乡会馆的领导职位至逝世。

图 2　1960 年林庆年出席新加坡安溪会馆新厦落成典礼

资料来源：《新加坡安溪会馆金禧纪念特刊（1922—1972）》，新加坡安溪会馆，1973。

林金泰茶庄在新加坡和马来西亚的经营，与祖籍地安溪、居住地厦门密切相关，其在厦门岛与鼓浪屿购地置业，设置茶叶加工厂和商店，以及安置族人。本文旨在通过对林庆年生平的回溯，试图厘清林金泰茶庄南来新加坡经营的过程，探讨林庆年依靠宗乡关系建立的社会网络，进而论及其与祖籍地和居住地之间的关系，呈现闽籍侨商家族对于三地资源的依赖与利用。

一　九龙堂与林金泰家族

在九龙堂入口左侧墙壁上镶嵌着一块大理石石碑，镌刻着祠堂捐款人及捐款数额，

① 《安溪公立珊屏平民小学校募捐第二次鸣谢》，《南洋商报》1926 年 7 月 17 日，第 4 页。

② 《新加坡林氏大宗祠九龙堂通告》，《南洋商报》1927 年 12 月 15 日，第 4 页。

林金泰列第七位，捐款数额为2000元，是重要捐款人之一。近期在九龙堂辨识出17尊祖籍地标识注为“安溪县罗岩乡”的牌位，这些牌位跨越五代，涉及人物达115位，可以推断“林金泰”为林金泰茶庄，为厘清这个家族的世系提供了线索。

图3　1959年林庆年出席新加坡林氏大宗祠九龙堂春季祭祀活动

林金泰茶庄在九龙堂前堂中龛中间格供奉有三尊牌位，以牌位所处位置高低而论，第一尊是林宏德与高夫人的神主牌，第二尊是林庆年与两位夫人（张旋娘、黄励勤）（见图4）的神主牌，第三尊是林霁峰与两位夫人（黄温俭、英枝）的神位。林宏德被视为林家茶业的创始人，牌位标注为“清诰封修职郎贡生”，奉祀人为霁峰、云峰、霞峰；林庆年是林金泰茶庄的核心人物，奉祀人为文渊、文洞、文奉、文炯、文瀚；林霁峰是林宏德长子，牌位亦称其为“清诰封修职郎贡生”，奉祀人为国局、国阵、国诰、国品、国伍、国璧等六子。

1936年6月，林金泰茶庄主人林诗国在新加坡猝然离世，悼文称其有“昆仲六人”。[①] 1983年林文治在忆述家族往事时称书国为祖父，诗国为三叔祖，赋国为四叔祖，庆年为二叔。[②] 可以推断，林宏德次子云峰育有六子，其中长子书国，三子诗国，四子赋国。林庆年为书国次子，林文治为其兄长大年之子。从九龙堂牌位所记录的名字推断，林宏德家族第二代字辈为“峰”、第三代字辈为“国”、第四代字辈为“年”、

① 《茶商林诗国逝世，定本早十时举殡，权厝福建塚架啡山之原》，《星洲日报》1936年6月1日，第5页。
② 林文治：《金泰茶行的来历》，《联合早报》1983年3月31日，第39页。

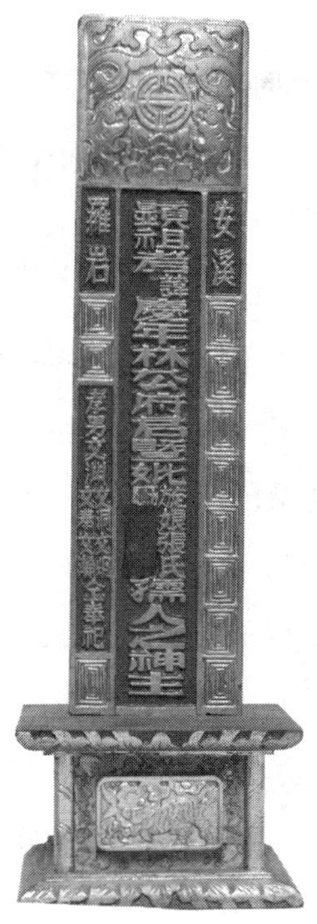

图 4　九龙堂林庆年神主牌

第五代字辈为“文”。

林庆年娶有两位夫人，正室张旋娘于 1958 年 1 月 26 日去世，继室黄励勤。1968 年林庆年去世时，未亡人黄励勤率四子（文渊、文洞、文泰、文炯）四女（香梹、香琳、香洁、香真）在《星洲日报》和《南洋商报》刊登文告，泣谢各界唁电及出席林庆年葬仪。①

二　安溪罗岩林金泰茶业

林家茶业的创始人为林宏德，这位茶农不仅种茶制茶，更是在清道光年间（1821—1850 年）创立商号，将茶叶销往漳州、云霄、潮州等地。林家茶业传至第三代，林云峰的三个儿子联手，书国精于经营，诗国擅长制茶，推测三兄弟创立林金泰茶庄，在闽粤各地开设分号，凭借在潮汕发展的商业网络，委托新加坡十八溪墘的潮商荣泰号代理，将金泰茶销售至南洋。

安溪是闽南重要茶叶产区，罗岩也是名茶黄金桂的发源地，林金泰茶庄销售的是

① 《泣谢》，《星洲日报》1968 年 12 月 11 日，第 13 页。

自制茶品，罗岩是林家的根基，然而，清末民初安溪匪患严重，富裕的林家一直是土匪袭击的对象。林文治在其文章中回忆道："乡匪林板林元林雷等公然威吓，多次勒索，敲诈不休，任意骚扰，几无宁日。"[①] 1914 年，林书国不幸患急病去世，年仅 50 岁。诗国、赋国遵从兄长遗嘱避匪外迁，1917 年在厦门开设林金泰茶庄，诗国、赋国、庆年为三大股东。

林家在罗岩的处境，使得他们必须自卫以防盗匪。作为家族第四代，林庆年在北京大学毕业后，返乡拿起枪杆保卫家园，《星洲日报》在其悼文中称："与乡民组团捍卫桑梓，曾任漳北保安队统领，复受任赣军独立团团长。"[②] 安溪坊间也流传一则故事，1918 年林家 70 多口人连夜逃离罗岩，彼时林庆年 26 岁，正是热血青年。

安溪罗岩现存的林家产业"敦诚居"（见图 5），是一座防御型堡垒，形制类似土楼，外墙为石头砌筑，遍布防御性孔洞，一角设有高起的角楼，内部为木结构，中央为庭院，坡屋顶作法。从外墙砌筑方法推测，此建筑是经过多年修建完成的，内部没有太多的房间，也没有多余的装饰，不像是林家聚族而居的地方。根据林文治的回忆，林氏家族逃离罗岩后，每年派亲信回乡收购茶叶，茶厂仍在运作。敦诚居极有可能为林家留守族亲居住，并用来存放茶叶。

图 5　安溪罗岩敦诚居正面（笔者拍摄）

① 林文治：《金泰茶行的来历》，《联合早报》1983 年 3 月 31 日，第 39 页。

② 《林金泰茶庄主人林庆年，昨不幸病逝于私寓，遗体十日下午出殡，届时执绋致祭者当有一番荣哀》，《星洲日报》1968 年 12 月 7 日，第 17 页。

早在20世纪20年代初，厦门林金泰茶行已在寮仔后开设店铺并设厂。一份珍藏于英国国家档案馆的契约显示，1930年3月5日，林诗国与林赋国两兄弟向Malcampo & Co.（西班牙公司）买下寮仔后产业，亲笔签下契约。这个编号为英国租界第8号的土地，最早是英国驻厦门领事馆向当地人永租的，紧邻厦门内港，设有专用码头。①

林家迁居厦门后，也在鼓浪屿购地建宅安置族人，产业称为“梅园”（见图6），现为鼓浪屿重点历史风貌建筑。根据厦门地方学者林聪明的研究，现门牌为康泰路5号的梅园，原占地达6000多平方米，现仅存一半。有一座三层高的红砖洋楼，背靠笔架山，面朝内厝澳海湾，建筑面积为1500多平方米。这栋建筑建成于1924年，产权登记于1928年，为林金泰茶庄林家族产。②

图6 鼓浪屿内厝澳梅园（笔者拍摄）

三 林金泰茶庄南来新加坡

1925年林庆年下南洋开设林金泰茶庄分号，1926年在吉隆坡谐街开业，③ 1927年在新加坡源顺街开业，④ 负责南洋销售业务，兼营汇兑银信业务。坊间多认为，林金泰

① PRO：FO678/100（1888），Amoy：Lot No. 8 Malcampo，Messrs.

② 林聪明：《梅园与林金泰茶行》，https：//mp. weixin. qq. com/s/2cdugYtCbaZAfKNSBRsNGg。

③ 《林金泰茶庄发行所开设吉隆坡谐街门牌七十九号》，《南洋商报》1926年2月3日，第4页。

④ 《星洲林金泰茶庄汇兑信局开业广告》，《南洋商报》1927年8月19日，第13页。

茶庄南来的原因是其代理商荣泰号出现问题，不得不派林庆年前来。值得关注的是，林金泰茶庄与荣泰号的合作持续到1935年11月在《南洋商报》刊登停止代理启事为止。[①]

百年老字号林金泰茶庄在新马设立分号，看中的是日益兴旺的南洋市场。事实上，金泰茶在南洋极为畅销，甚至成为福建乌龙茶的代名词，市场上不时出现假冒伪劣商品。林庆年到新加坡后，加大了商品的管理力度，将自家茶品的商标加以注册，与警方合作打假，通过媒体宣传推广金泰茶。二战之前林金泰茶庄业务达到鼎盛。

林金泰茶庄能够延续超过百年，其中一个重要因素是其制茶技艺与优质茶品，为了确保商品的供应，他们在福建各地设有制造厂，其中自家茶厂设在厦门寮仔后，茶叶来自安溪的尧洋、蓝田、罗岩三地；合作茶厂包括崇安赤石街的林瑞苑茶庄，茶叶来自武夷山珠帘洞、霞宾、龙珠三地。[②]

二战后林庆年回到新加坡重掌家业，然而，随着西式饮品的引入，中国茶市场逐渐没落，加上1949年新中国成立，林家失去对国内产业的掌控，茶品供应链遭受阻断，林金泰茶庄渐渐淡出世人视野，其家族留存在安溪罗岩和鼓浪屿的房产也无力维护，如今已极为破败。

四　闽籍华商的宗乡网络

对于20世纪初的新马华社而言，林庆年无疑是极为特殊的存在。大多数侨领白手起家，华人常言富不过三代，林庆年却是茶商世家的第四代，在33岁的年纪身负家族重托，凭借雄厚资本出现在新马；与大多数无缘接受教育的侨商不同，出身茶业世家的林庆年接受了良好的教育，毕业于北京大学，有着超越乡土的先进思想观念；与大多数华侨不同的是，文质彬彬的林庆年曾经拿起枪杆捍卫地方安全，领导过民团与保安队，有着罕见的军政经验。

林庆年对社会民生的关注与超群的领导力，归功于他与生俱来的天赋，也得益于家族的世系传承，使其能够以极短的时间在新马华社脱颖而出。对于林庆年和林金泰茶庄的研究，须将他们在祖籍地安溪、居住地厦门、侨居地新加坡的三地信息串联起来，特别是各地对于福建茶业的研究，从家族世系与宗乡网络的角度，还原这位个性鲜明的人物以及一个百年品牌的历史。与此同时，对于闽籍侨领跨地域的家族与社会活动的追溯，将有助于深入地方史研究。

---

① 《林金泰茶庄为新加坡代理人荣泰号停止代理启事》，《南洋商报》1935年11月10日，第3页。

② 《林金泰茶庄分行广告》，《南洋商报》1928年3月31日，第14页。

林文庆著作的收藏与翻译浅述

林　曦*

摘要：林文庆是19世纪中后期至20世纪中期新加坡华侨之翘楚与侨领，是活跃于中国与南洋的重要近代人物。他是留英医学博士，被陈嘉庚誉为“橡胶之父”，1921年受陈嘉庚之邀为厦门大学创办校长，定居鼓浪屿。林氏在繁忙的工作之余，仍勤于著述，发表大量文章和著作。其文章和著作主要为两部分，一是对中国儒家文化之推崇译介，二是对晚清政治之时评。本文作者对林氏著作情有独钟，广为收藏，并陆续将其《中国内部之危机：林文庆笔下的晚清内政外交》《厦门，思念明朝之岛》《战时讲演与随笔集（1914—1917）：儒家视域下之世界大战》等英文著作译为中文，并已出版。本文即为作者对其藏书之愿与译书之得之描述，愿与众君分享。

关键词：林文庆　鼓浪屿　厦门大学创办校长

林文庆的功劳与苦劳，今人渐次体会。而事功以外，立言的部分尚待发掘，两厢合璧，乃见其德。笔者就近年收藏与翻译林氏高文大著的经历种种，选择有趣之处作一简略分享。冀望高明君子，有以教我。

一　烟涛微茫信难求

林文庆发表文章甚多，但出版专著不多。目前笔者所藏林文庆英文原版专著有五种：

《厦门：思念明朝之岛》，厦门大学印刷所，1936。

《儒家视域下之世界大战》，新加坡海峡不列颠出版社，1917。

* 林曦，厦门大学古典文献博士，现居香港从事金融工作，研究方向为近代人物研究、中英诗格律、翻译及古典汉籍研究。

《东陆哀史》，上海商务印书馆，1927。

《中国内部之危机》，伦敦 Grant Richards 出版社，1901。

《英译离骚》，上海商务印书馆，1929。

笔者另藏有林文庆中文专著两册：

《李鸿章杂记》（即《基督教辟谬（上编）》），自印本，1921。

《民国必要孔教大纲》，中华书局，1914。

此外笔者收得19世纪末林文庆医学论文三篇及其签名票据若干（见图1）。其中多有市面孤本，笔者数年来孜孜以求，有幸一一收入囊中。因流传甚罕，可嘉惠海内学人迭称未曾经眼之渴思（见图2）。

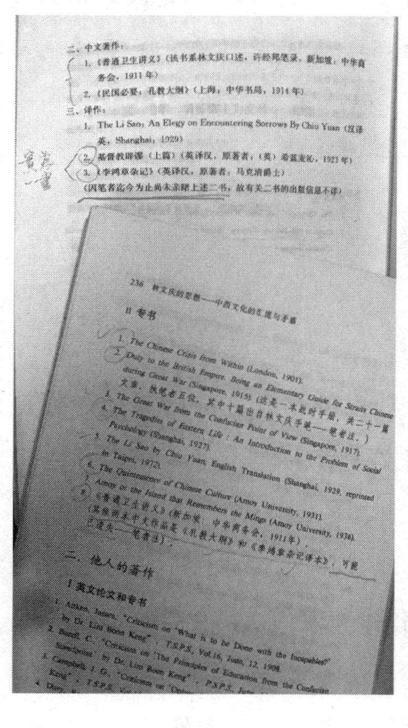
二、中文著作：

1.《普通卫生讲义》（该书系林文庆口述，许经邦笔录，新加坡：中华商务会，1911年）

2.《民国必要：孔教大纲》（上海：中华书局，1914年）

三、译作：

1. The Li Sao: An Elegy on Encountering Sorrows By Chiu Yuan（汉译英，Shanghai：1929）

2. 基督教辟谬（上篇）（英译汉，原著者：（英）希盖麦礼，1921年）

3.《李鸿章杂记》（英译汉，原著者：马克清爵士）

（因笔者迄今为止尚未亲睹上述二书，故有关二书的出版信息不详）

236 林文庆的思想——中西文化的汇流与矛盾

II 专书

1. The Chinese Crisis from Within (London, 1901).

2. Duty to the British Empire. Being an Elementary Guide for Straits Chinese during Great War (Singapore, 1915).（这是一本教时手册，共二十一篇文章，执笔者五位，其中十篇出自林文庆手笔——笔者注。）

3. The Great War from the Confucian Point of View (Singapore, 1917).

4. The Tragedies of Eastern Life: An Introduction to the Problem of Social Psychology (Shanghai, 1927).

5. The Li Sao by Chiu Yuan, English Translation (Shanghai, 1929, reprinted in Taipei, 1972).

6. The Quintessence of Chinese Culture (Amoy University, 1931).

7. Amoy or the Island that Remembers the Mings (Amoy University, 1936).

8.《普通卫生讲义》（新加坡：中华商务会，1911年）。

（其他两本中文作品是《孔教大纲》和《李鸿章杂记译本》，可能已遗失——笔者注）。

二、他人的著作

I 英文论文和专书

1. Aitken, James, "Criticism on 'What is to be Done with the Incapables?' by Dr. Lim Boon Keng", T.S.P.S, Vol.16, June, 12, 1908.

2. Burell, C., "Criticism on 'The Principles of Education from the Confucian Standpoint' by Dr. Lim Boon Keng", P.S.P.S, June ...

3. Campbell, J. G., "Criticism on 'Opi... Keng", T.S.P.S, Vol...

4. Dury, ...

图1

图2

中西交流史的收藏与研究愈趋火热，市场推波助澜，各种史籍屡经发掘，善贾而沽，以致有走火入魔之卖家，签名本叫价数万元者，堪称一景。稍稍考察林文庆著作甚为罕见的原因，大概风头并不出众，提倡儒学又属逆流而动，故未掀造波澜，当世对其学说乏欲无求，直接影响其书印数。确切发行量如今难以知晓，例如1972年新加坡国家图书馆在台北重印《英译离骚》，印数也仅 300 册（见图 3），可称纯粹纪念，甚至不如 1935 年再版本之多见。试看成长与求学经历相似而立场更为保守的辜鸿铭，虽有墙外众多西洋名家加持而名满天下，其著作之刊布，也实在算不上流行的地步。则林氏著作于今难觅，本非异事。

二　善本固应得善价

捡漏是每位聚书人津津乐道之事。唯若终日无所用心、矻矻于占便宜，姑且不论成功率，恐亦非堂堂正途。John Carter 以老派书贾之义正词严，在名作“Taste and Technique in Book Collecting”（《藏书的品位与技巧》）中大谈买书十诫，声称买家必欲多付款、拍高价，乃有真正藏家之誉，否则永无成功之日（见图 4）。此外又谆谆告诫不得砍价！颇有“千金买马骨”之意。时至今日，此道固已难行，唯令人心生向往之情。且以区区收藏三十多年所见，纵有捡漏发家，信无捡漏成家也。

图 3

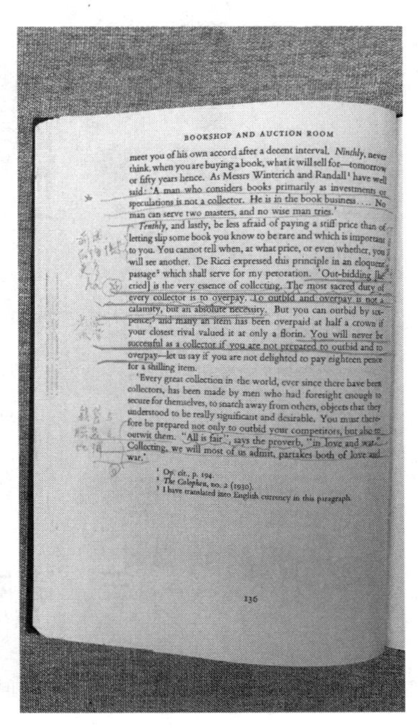

BOOKSHOP AND AUCTION ROOM

meet you of his own accord after a decent interval. *Ninthly*, never think, when you are buying a book, what it will sell for—tomorrow or fifty years hence. As Messrs Winterich and Randall[1] have well said: 'A man who considers books primarily as investments or speculations is not a collector. He is in the book business. ... No man can serve two masters, and no wise man tries.'

Tenthly, and lastly, be less afraid of paying a stiff price than of letting slip some book you know to be rare and which is important to you. You cannot tell when, at what price, or even whether, you will see another. De Ricci expressed this principle in an eloquent passage[2] which shall serve for my peroration. 'Out-bidding [he cried] is the very essence of collecting. The most sacred duty of every collector is to overpay. To outbid and overpay is not a calamity, but an absolute necessity. But you can outbid by sixpence,[3] and many an item has been overpaid at half a crown if your closest rival valued it at only a florin. You will never be successful as a collector if you are not prepared to outbid and to overpay—let us say if you are not delighted to pay eighteen pence for a shilling item.

'Every great collection in the world, ever since there have been collectors, has been made by men who had foresight enough to secure for themselves, to snatch away from others, objects that they understood to be really significant and desirable. You must therefore be prepared not only to outbid your competitors, but also to outwit them. "All is fair", says the proverb, "in love and war." Collecting, we will most of us admit, partakes both of love and war.'

[1] Op. cit., p. 194.
[2] *The Colophon*, no. 2 (1930).
[3] I have translated into English currency in this paragraph.

136

图 4

对于前述林著各种，除《英译离骚》常见，无不动辄索价人民币数千逾万元。自忖非此银钱不能办。笔者与林文庆结缘的第一本书是《厦门：思念明朝之岛》。多年前偶经香港中环一间古董西书店，赫然惊见，标售港币4500元。因当时见此书涉及家乡厦门及母校厦门大学，爱不释手，踌躇多日。主持家政之太太大人遂慷慨解囊购之作为生日礼物。今日该店早已关张，而当时情景历历如昨，令人感慨造化钟情。至于林氏签名本（见图5），更属凤毛麟角。等足5年方偿夙愿，又非单凭财力可咄嗟立办之事了。

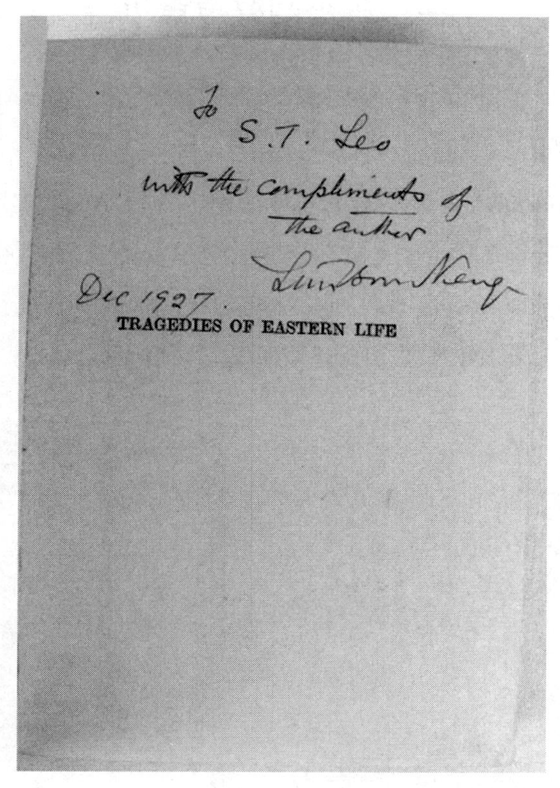

图 5

三　诸体皆备咏藏书

由于搜寻费心，每册到手之后，例咏诗纪念。凡六首如下。

五言排律咏《厦门：思念明朝之岛》

问学中西贯，名亏笔似刀。

维新当鼎革，捐款尽锱毫。

至善身为训，神童命定劳。

左袒崇儒理，南强赋楚骚。
立锥无地老，存粹等天高。
国手今何觅，吠尧时所号。
九思能论世，大义自滔滔。

七律咏《儒家视域下之世界大战》

如梦人琴哭子猷，坊间孤本本潜幽。
溯源遥忆儒知战，排劣垂成民守柔。
溪壑百年遗绝曲，天仁三策老横秋。
力行克己近乎圣，继往从兹唯内求。

七言排律咏《中国内部之危机》

曾左李张未见林，劝文备武亦沉沦。
汉人权用非矜满，洋务开明倚客臣。
国步连伤三甲子，夏夷同庆尽拳民。
中兴每继太平乱，外史偶闻贫富均。
大吏关怀思发市，高衙总理壑为邻。
风流宛在助惊笑，椽笔当前拜怒嗔。
世运如何何可问，梦中贯朽粟陈陈。

七绝咏《基督教辟谬》

异书偶得黯神伤，名士千金翼教方。
清者旁观民国逝，孰今雍也忆中堂。

小赞《民国必要孔教大纲》

夜读先进，热血柔肠。高文大句，未失是邦。
危行言逊，无日重光。临书洒涕，空说南强。

五绝咏林文庆签名本（截定公句自贺）

文献耗中年，今生后起缘。
儿时心力异，灯接混茫前。

四 书商温情足可感

笔者所藏除于国内斩获之外，也从欧洲、美洲、大洋洲开张多年的老店访求。问询往来之友善，介绍与致意之关切，可谓古风犹存。如其介绍《儒家视域下之世界大战》书中戳记与藏书票（见图 6），原为英国高院法官内维尔拉斯基所藏，后于 1936 年赠予其家乡之曼彻斯特图书馆，并于 1940 年重装。而听闻笔者正努力中译此书时，虽素昧平生，尤欣然鼓舞；售出《东陆哀史》签名本的澳大利亚商人尽力查询并提供来源，而售出《中国内部之危机》的英国商人略显浮夸而温馨的语调，恰如秋日暖风："It is tremendous news that this rare and interesting book will now be available in Chinese."（这珍罕有趣的书将有中译本，真是个大新闻。）（见图 7）。

图 6

以上略论收藏之趣。而译事焚膏继晷、苦中作乐，众所皆知，不在话下。这里撮略数则谈趣。

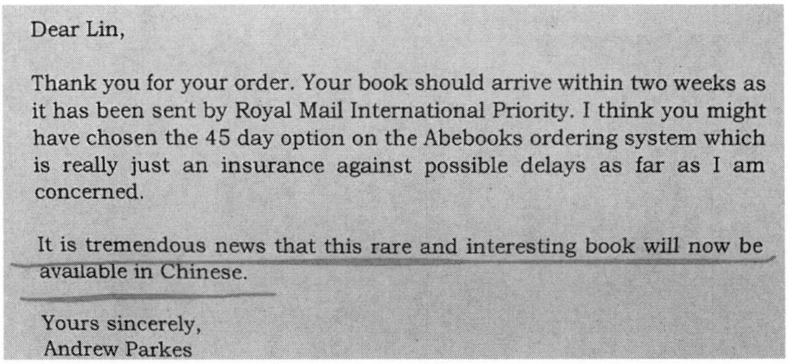

Dear Lin,

Thank you for your order. Your book should arrive within two weeks as it has been sent by Royal Mail International Priority. I think you might have chosen the 45 day option on the Abebooks ordering system which is really just an insurance against possible delays as far as I am concerned.

It is tremendous news that this rare and interesting book will now be available in Chinese.

Yours sincerely,
Andrew Parkes

图 7

五　诗无人爱始称工

对于翻译之理念，笔者有一贯之执，于出版各书之后序次第阐述，此处不再赘言。原书已少人会心，兼以浅白文言译出，无怪乎留意者寥寥。文言英译，多属谫陋不文，不忍寓目，每有行家痛詈。笔者原则大要无非持忠恕之道，参与中庸之常，次及修辞。力避过与不及之流弊，尽己及人，辜鸿铭追慕先贤之同情、钱锺书谦谦保守之立场，庶几近之。此类译本定难畅销，亦属初衷，绝无怨望，甚至怀有和寡邀誉的心情。友朋谬赞以“准确典雅”“看不出是译文”等语，虽不敢施施然居之，实在是动笔之鹄的。

18 世纪英国作家 Charles Caleb Colton 有言：“To write what's worth publishing, to find honest people to publish it, and get sensible people to read it, are the three great difficulties in being an author.”愚译为：“作家至难有三，为文不祸枣梨，觅贞士襄助出版，复得智者读之。”如此观之，姑且不论知音几何，则还是希望有人爱也。

而三年来《厦门：思念明朝之岛》《儒家视域下之世界大战》及《中国内部之危机》三册中译本皆得于厦门大学出版社出版（见图 8），可谓游鸟归巢，正是承蒙贞士爱我之故。如厦门市社会科学院李文泰兄，热肠古道，青眼超拔。与我以文字相交，指点尤为中肯；编辑章木良女士与同窗李夏凌女士，耐心细致，时有创见、贡献尤多；王依民先生与洪俊峰先生议定嘉许，以及宫旭东先生、冯宝仪女士、陈瑶女士、张元基先生勠力协助，更有诸位未曾谋面之外部专家之称许，以及长期热心照拂的亲友，皆是爱我深者。虽寥寥可数，而小子何幸也。

图 8

六　不忘前贤后事师

笔者向来喜受古人遗毒，如述而不作，如四十始可著书等。后转念思之，清人阎正衡说四十，民国黄侃说五十，若按寿命比例，今人岂非须逾古稀才有资格。于是发愿加快出书，赖屡得前述贵人相知相助，计得以售。又尝见清人信札云“有此一千种书在手，十年之力必可成一二种有用之著作，为儒林传地步。用世之志已不能偿，不得不趁早为传世计，亦好名之心未忘耳”（见图 9）。这种投入产出比为 1‰的说法，于今固然骇人听闻，唯差可自况。因笔者 20 年来读书皆手自编目，所载约 3500 种，就此而言或可不愧前人。

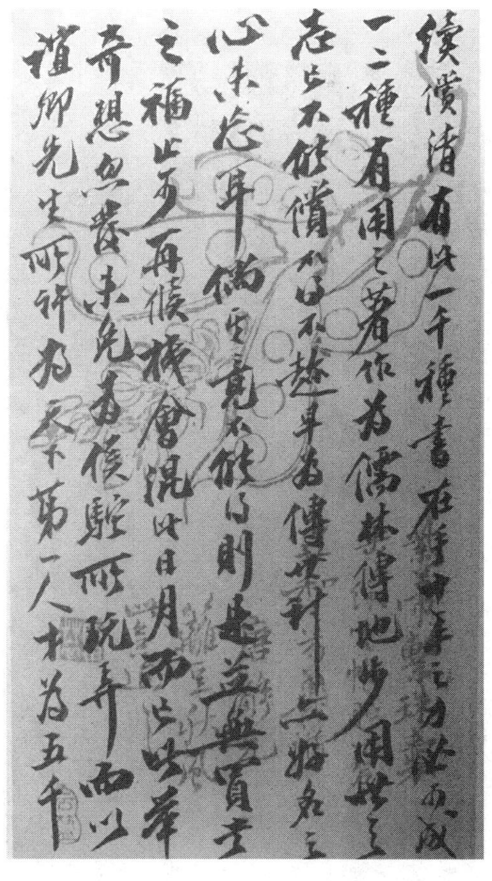

图 9

七　切磋琢磨苦为乐

译本送出版社之前，至少耕耘四过。一乃大略草定，内容粗具；二则研定群疑，修饰文字；三为严按原文，细密校雠；四乃念诵自听，逼肖声口。而统筹文气，一贯词语，又必然时时留意。加上配合编审又细究三遍，费时耗神，脑波激荡纵横，不可不谓一项体力活（见图 10）。韩愈曾云思古学古而欲兼通其辞；林文庆称作者痛知诸多缺陷，唯冀其无损于事态之一般真相。译者心情，亦如是哉。

另有一节向读者报告，笔者素来酷爱对仗，少时自号偶堂。翻译时偶尔技痒，偶然发挥，偶出工句。如原文“The writer has sometimes heard irresponsible criticisms from unthinking people.”颇见偶句，则稍增一二字以见其美，译为“笔者时闻没头没脑之人物，做不尽不实之批评”等。或有超逾原文表达之嫌。但约翰逊博士也形容莎士比亚每遇到可以运用双关的场合，必然不顾一切。因私癖小有越界发挥，还望未伤大雅。

图 10

八　楚弓楚得证宿缘

为查实史料及英文表述之准确含义，每册工作量常达数百条。孜孜矻矻于诸字词句之用舍行藏，以苦为乐，信有是夫。有一份奇缘乃译《中国内部之危机》时，英文疑义合共 20 处，踌躇未决。不料于网络结识一位苏格兰男子 Dan Alderson，钟情中国文史并曾在华逾 20 年，遂为一一解惑。尤凑巧者，其本科硕士皆毕业于爱丁堡大学，适为林文庆校友。楚弓遗失，更向楚人索之，岂非天意哉。

此外，如繁体竖排版型告竣之后又被否决、审批流程之波折、取名用词多费商讨等情事，容当对谈之资，毋庸哓哓。待小说《东陆哀史》别裁文笔出之，则林文庆全部英文专著翻译告成，数年心愿可小结矣。

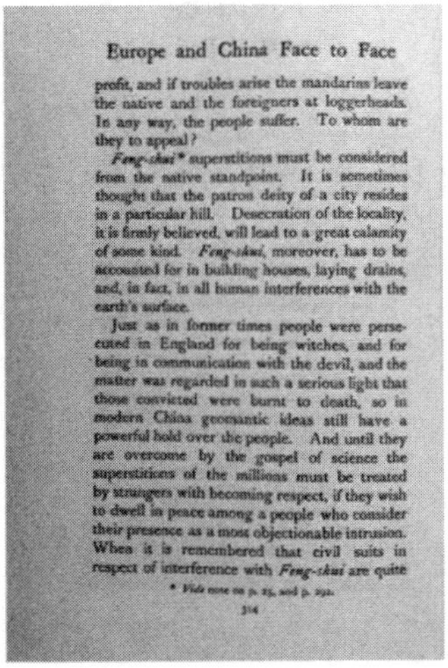

Europe and China Face to Face

profit, and if troubles arise the mandarins leave the native and the foreigners at loggerheads. In any way, the people suffer. To whom are they to appeal?

*Feng-shui** superstitions must be considered from the native standpoint. It is sometimes thought that the patron deity of a city resides in a particular hill. Desecration of the locality, it is firmly believed, will lead to a great calamity of some kind. *Feng-shui*, moreover, has to be accounted for in building houses, laying drains, and, in fact, in all human interferences with the earth's surface.

Just as in former times people were persecuted in England for being witches, and for being in communication with the devil, and the matter was regarded in such a serious light that those convicted were burnt to death, so in modern China geomantic ideas still have a powerful hold over the people. And until they are overcome by the gospel of science the superstitions of the millions must be treated by strangers with becoming respect, if they wish to dwell in peace among a people who consider their presence as a most objectionable intrusion. When it is remembered that civil suits in respect of interference with *Feng-shui* are quite

* *Vide* note on p. 25, and p. 292.

314

原书内页（一）

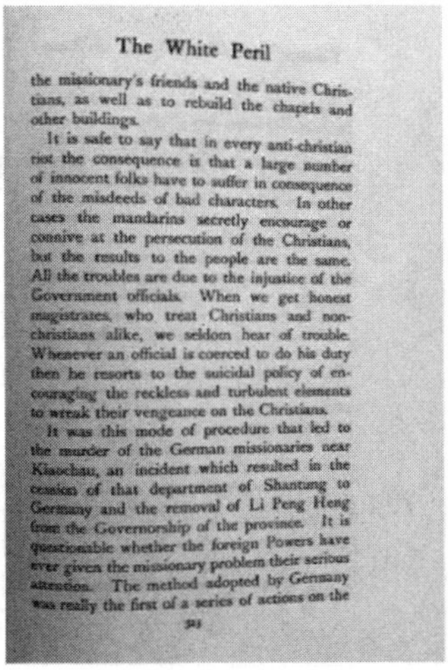

The White Peril

the missionary's friends and the native Christians, as well as to rebuild the chapels and other buildings.

It is safe to say that in every anti-christian riot the consequence is that a large number of innocent folks have to suffer in consequence of the misdeeds of bad characters. In other cases the mandarins secretly encourage or connive at the persecution of the Christians, but the results to the people are the same. All the troubles are due to the injustice of the Government officials. When we get honest magistrates, who treat Christians and non-christians alike, we seldom hear of trouble. Whenever an official is coerced to do his duty then he resorts to the suicidal policy of encouraging the reckless and turbulent elements to wreak their vengeance on the Christians.

It was this mode of procedure that led to the murder of the German missionaries near Kiaochau, an incident which resulted in the cession of that department of Shantung to Germany and the removal of Li Peng Heng from the Governorship of the province. It is questionable whether the foreign Powers have ever given the missionary problem their serious attention. The method adopted by Germany was really the first of a series of actions on the

321

原书内页（二）

图 11

陈嘉庚的山西之行

董立功　王燕琴*

摘要：1940年6月，南洋华侨筹赈祖国难民总会主席陈嘉庚在回国慰劳时曾经到访过山西，并与时任第二战区司令阎锡山有过一次长谈。陈嘉庚对抗战前途非常关心，但当时国共之间的摩擦也让陈嘉庚感到非常揪心。在与阎锡山的长谈中，陈嘉庚向其询问对于国共两党的看法、国共冲突的调解办法、对抗战前途作何估量等诸多问题。城府极深的阎锡山对于这些问题的回答要么避实就虚，要么顾左右而言他。山西之行后，陈嘉庚更加清楚，中国抗战胜利的希望不在重庆，延安才是中国抗战胜利的希望之城。

关键词：陈嘉庚　阎锡山　抗日战争

全面抗战爆发后，国民政府曾将全国划分为五大战区。山西、陕北和绥远被划为第二战区。长期主政山西的军阀阎锡山被任命为第二战区司令长官。赵戴文则被任命为山西省政府主席和战区长官部政治部主任。忻口战役后，太原失守，阎锡山与赵戴文先后转移至临汾、秋林、克难坡等地办公。

山西的战略地位十分重要，历来为兵家必争之地。对于山西在抗日战争中极为重要的地缘价值，任弼时在1938年1月曾有一段精辟的概括。他指出："山西自雁门关以南，井陉、娘子关以西系高原多山地区，对保卫华北地区、支持华北地区战局，有极重大的意义。敌人要完成其军事占领华北，非攻占山西不可。"①

值得一提的是，1940年6月，南洋华侨筹赈祖国难民总会主席陈嘉庚在回国慰劳时曾经到访过山西，并与时任第二战区司令阎锡山有过一次长谈。陈嘉庚对于其山西之行，仅在《南侨回忆录》中用寥寥数语一笔带过，当时媒体的报道也极其简单，这使我们对陈嘉庚的山西之行知之甚少。

---

* 董立功，集美大学陈嘉庚研究院华侨华人资料中心主任；王燕琴，集美大学诚毅学院思政教学部副教授。

① 王波：《游击战之光》，解放军出版社，2015，第378页。

作为陈嘉庚访问山西的重要当事人，阎锡山有写日记的好习惯。在阎锡山的日记中，恰好保存了陈嘉庚1940年6月访问山西的一些细节。2012年，山西古籍出版社出版了《阎锡山日记全编》，为我们还原陈嘉庚的山西之行提供了宝贵的史料。

1940年6月8日上午，陈嘉庚一行结束了对延安的访问，并于次日出发前往山西。上海出版的《总汇报》6月9日曾对陈嘉庚赴山西考察一事进行了“预告”：“南侨筹赈会主席陈嘉庚一行数人，八日午由肤施返此，定九日转赴晋西某地谒阎长官致敬。”①

报道中提到的“肤施”即今天的延安。当然，报纸为了保密起见，并未透露陈嘉庚将前往山西何地见阎锡山。事实上，当时山西省会太原已经被日军占领，阎锡山和赵戴文均已移至吉县的克难坡办公。据阎锡山在日记中的记载，他是6月10日在克难坡“欢宴南洋华侨筹赈总会主席陈嘉庚先生”②。

位于香港的《大公报》也在6月11日这一天对陈嘉庚的行程进行报道：“南洋侨胞筹赈总会主席陈嘉庚氏，十日由延安抵达此间，谒阎长官致敬。”③

陈嘉庚在时任四川大学校长程天放等人陪同下，来到山西的克难坡。先是由时任山西省政府主席赵戴文主持接待，并在大会致辞欢迎。④ 陈嘉庚在山西考察期间，曾与阎锡山有过一次长谈。据曾经担任过阎锡山秘书的杨怀丰的回忆：“1940年夏，著名爱国华侨陈嘉庚从西安到延安，还到宜川秋林和吉县克难坡访问。后来听说，陈此行是为了加强蒋、阎、共之间的团结抗战关系，结果并不理想。蒋不忘反共，而阎亦不忘要钱。”⑤

陈嘉庚对抗战前途非常关心，但当时国共之间的摩擦也让陈嘉庚感到非常揪心。陈嘉庚刚一落座，就开门见山地问阎锡山：“中国抗战可以得到胜利，惟国共摩擦，是否抗战前途的顾虑？”⑥ 老奸巨猾的阎锡山并没有正面回答，而是把话题引向中国共产党：“中共中不乏深明大义之人，不致在抗战期间扩大国共冲突。”⑦ 陈嘉庚没有得到理想的答案，只好又追问：“司令长官说他深明的是什么大义？”阎锡山则回答：“他现在也是以民族意识国家观念为号召，以国家民族的大义为大义。”⑧

陈嘉庚在会谈中先是称赞阎锡山是“具有抗战决心的爱国热忱的人”，接着询问其

---

① 《陈嘉庚谒阎致敬》，《总汇报》1940年6月9日。

② 阎锡山：《阎锡山日记全编》，三晋出版社，2012，第433页。

③ 《陈嘉庚抵晋 谒阎长官致敬》，《大公报》（香港）1940年6月11日。

④ 田象奎：《我所知道的阎锡山》，载中国人民政治协商会议山西省委员会文史资料研究委员会编《山西文史资料》第47辑，1986，第54页。

⑤ 杨怀丰：《第二战区司令部与陕西宜川县》，《文史研究》（山西）1989年第1期。

⑥ 阎锡山：《阎锡山日记全编》，三晋出版社，2012，第433页。

⑦ 阎锡山：《阎锡山日记全编》，三晋出版社，2012，第434页。

⑧ 阎锡山：《阎锡山日记全编》，三晋出版社，2012，第434页。

对国共冲突有没有调解的办法。阎锡山为人城府很深，面对这种敏感问题，他没有正面回答，而是反问陈嘉庚："先生有何意见？我愿闻教。"①

面对阎锡山的反问，陈嘉庚回答道："我前在重庆时，曾晤白健生先生。白先生并主张划分防区，使各守境地，各自进步，司令长官以为此办法能否收效？"②

陈嘉庚提到的白健生即白崇禧。事实上，陈嘉庚也没有给出自己的看法，而是谈到了白崇禧"各守境地"的主张。在没有摸清阎锡山真实想法的前提下，陈嘉庚当然也不会把自己的看法和盘托出。陈嘉庚与阎锡山的谈话，透着一股彼此试探和小心翼翼的味道。

面对陈嘉庚的反复追问，阎锡山这才谈了他对国共两党的看法："共产党是世界革命党，而国民党是中国当国的党。国民党是以政权领导民众抗战，共产党是以民众力量作革命的基础。"③

在阎锡山看来，共产党是一个"世界革命党"，是一个"以完成世界革命为目的"的政党，是一个"以造成他主义的新中国为标准"的政党，共产党最后要建立的，"当然就是人民政权"。④

众所周知，在抗日战争中，国民党实行的是单纯依靠政府和军队的片面抗战路线，而共产党实行的是动员和依靠人民的全面抗战路线。阎锡山的回答基本符合事实。阎锡山最后表示："两者目的路线做法均不相同，而且是冲突的，欲不摩擦做到非易。"⑤

陈嘉庚在访问延安之前，不论是在新加坡，还是在重庆，经常能听到"八路军游而不击"的说法。陈嘉庚在与阎锡山会面时，双方也谈及这一话题。令人意外的是，阎锡山竟然对八路军的抗战效果给出了肯定性的评价。1940 年 7 月 24 日晚，陈嘉庚在重庆应国民外交协会主席陈铭枢之邀，到留法比瑞同学会作题为"西北之观感"讲演时还专门论及此事："过去有些人造谣'八路军是游而不击'，我听了十分怀疑。随后我到了延安才知道全非事实。我离开延安后，我会见阎锡山和卫立煌两将军，他们都同样告诉我：八路军是作战最灵敏的部队，又活泼又好指挥，和中央军联络得很好，打得也很好。"⑥

阎锡山素以"圆滑谨慎"著称。作为一名国民党的高官，阎锡山之所以在陈嘉庚面前对八路军的抗战效果给出肯定性评价，显然不是因为他内心真的认同共产党，而

① 阎锡山：《阎锡山日记全编》，三晋出版社，2012，第 434 页。
② 阎锡山：《阎锡山日记全编》，三晋出版社，2012，第 434 页。
③ 阎锡山：《阎锡山日记全编》，三晋出版社，2012，第 434 页。
④ 阎锡山：《阎锡山日记全编》，三晋出版社，2012，第 434 页。
⑤ 阎锡山：《阎锡山日记全编》，三晋出版社，2012，第 434 页。
⑥ 陈嘉庚：《在重庆国民外交协会演讲》，《上海周报》第 3 卷第 5 期。

是另有原因。抗日战争时期，阎锡山对共产党的政治态度具有明显的两重性。阎锡山既有“防共反共”的一面，也有“联共抗日”的一面。作为“山西王”，阎锡山一方面需要利用蒋介石的力量来对付共产党；另一方面，阎锡山又需要利用共产党来“抗衡”蒋介石和日本人。阎锡山曾经对其部下、时任第七集团军总司令的赵承绶说：“目前咱们的处境很不好，蒋介石要借抗战的名消灭咱们，不发给咱们足够的经费，也不给补充人员和武器，处处歧视咱们，事事和咱们为难。共产党对咱们更不好，到处打击咱们，八路军在山西各地有严密组织，把老百姓都拿过去了。如果日本人再打咱们，那就只有被消灭。”①

可见，阎锡山试图在日本人、国民党和共产党三方之间找到一个允许他存在的“夹缝”。用阎锡山自己的话来讲，“我们是立在三个鸡蛋上跳舞，哪一个鸡蛋也不能踩破”②。

陈嘉庚与阎锡山会谈时，还谈到了“廉洁政治”问题。陈嘉庚问：“我此次在沿途听人都高喊廉洁政治，今后由此努力，政治上是否可以进步?”阎锡山对此不以为然，他回答道：“行政的廉洁，不是政治的进步。政治的进步要加速度、加强度的政治效能，如以飞机式的进步，发展物力、集中人力、加强国力、改善民生。”③

会谈临近结束的时候，陈嘉庚问阎锡山：“对抗战前途作何估量?”阎锡山回答道：“日本军事上虽有胜利，政治上却是失败。政治的成功为战争的成功，政治的失败就是战争的失败。”④

阎锡山对抗日战争的前途有一种矛盾的心态，他对抗战胜利“有乐观的定念”。但对“抗战演变的前途”，阎锡山“却抱有绝大的悲观”。陈嘉庚问他原因，阎锡山回答说担心中日战争会导致出现“鹬蚌相争，渔翁得利”的结果。

陈嘉庚一行于6月12日早上离开克难坡，他在山西只停留了短短两天。陈嘉庚是带着一种什么心情离开了山西，阎锡山在日记中并没有记载。但是，陈嘉庚在离开山西之后，曾多次发表演讲，我们从中可以看出一些端倪。例如，陈嘉庚曾于1941年1月5日在新加坡快乐世界运动场向南洋华侨报告回国访问经过及观感，演讲中有这样一句话：“中央官吏清廉苦干者固多，而尸位素餐营私舞弊者，间亦难免。以我国数十年政治积弊，欲期一日澄清，自非易易。”⑤ 陈嘉庚所说的“尸位素餐营私舞弊者”是否包括阎锡山，我们不得而知，但阎锡山在山西的抗日表现显然无法令陈嘉庚满意。

---

① 赵承绶：《我参预阎锡山勾结日军的活动情况》，载山西文史资料编辑部编《山西文史精选》（5），山西高校联合出版社，1992，第9~10页。

② 程子华：《程子华回忆录》，中央文献出版社，2015，第102页。

③ 阎锡山：《阎锡山日记全编》，三晋出版社，2012，第435页。

④ 阎锡山：《阎锡山日记全编》，三晋出版社，2012，第435页。

⑤ 陈嘉庚：《回国考察观感：新加坡各侨团欢迎会上演词》，《南洋商报》1941年1月6日。

阎锡山从来没有把共产党看作自己的“盟友”，反而试图与日本人达成某种“合作”。事实上，1940 年夏，阎锡山为了保存自己的实力，竟然与日本特务大矢正春暗通款曲，确定“双方在山西境内进入停战状态”①。山西之行后，陈嘉庚更加清楚，中国抗战胜利的希望不在重庆，延安才是中国抗战胜利的希望之城，共产党才是中国抗战胜利的希望所在。

① 黄启昌：《乱世之狐——晋系军阀全传》，团结出版社，2002，第 335 页。

鼓浪屿虎巷8号革命往事

陈燕茹*

摘要：90多年前，鼓浪屿曾经是福建党团组织的领导中心和革命斗争的指挥中心。中共福建临时省委成立后，第一次、第二次党代会在鼓浪屿召开，中共福建省委机关也秘密搬到了鼓浪屿虎巷8号，这里成为福建全省革命斗争的指挥部。几位地下党员以其特有的智慧和胆略，在鼓浪屿上扮成“一家人”，有条不紊地传递情报，运用各种形式开展革命实践活动。然而，革命总是要流血牺牲的。曾经聚集在虎巷8号的革命志士，为了共同信仰奋起抗争，百折不挠地与敌人斗智斗勇，直至献出年轻的生命。时过境迁，发生在虎巷8号的很多故事和细节已渐渐被人遗忘，本文试图从早年留存下来的党史资料中找到蛛丝马迹，辨析各种说法的真伪，串联还原当年那一段可歌可泣的血色浪漫和经典传奇。

关键词：虎巷8号　鼓浪屿　曾志　王海萍

1930年5月25日，厦门破狱斗争成功营救了40多位难友，击毙、击伤敌军警6人，而我方无一人伤亡，震惊海内外。由于破狱斗争取得了重大胜利，国民党反动派加紧了对革命党人的搜捕。1930年7月，共青团福建省委机关被破获，团省委书记叶飞等3人被捕入狱。22岁的董云阁代理团省委书记，将共青团福建省委机关迁往鼓浪屿原福建省委17号交通站①，在此领导全省共青团和青年运动。中共福建省委机关原在厦门中山公园北门附近的一座民房，机关人员发现在同一座民房里，住了一位可疑的人。经查实，此人是厦门市公安局的侦探长。为了保证安全，福建省委书记罗明断然决定搬家，叫刚从闽西调来的曾志到鼓浪屿找一座比较隐蔽的房子做省委机关。

---

* 陈燕茹，厦门市博物馆工作人员，研究方向为文物考古、鼓浪屿红色文化。

① 当时的地址为安海角M·17号，后来改为三丘田15号，又改为三明路17号，现已被拆除，位于美国领事馆旧址西南方向的一片空地上。鼓浪屿上的门牌号历经变更，古今地名的一一对应关系至今仍无法破译。

曾志接受任务后，找了好几处房子来比较，最后决定租用日光岩脚下较为偏僻的虎巷[①] 8 号（见图 1）。这座楼上有一个大天台，视角很宽，便于观察周边的环境。附近有很多小巷子串联起来，便于疏散逃跑。为了隐蔽视听，曾志告诉房东，自己是西药店老板的媳妇，来住的是来厦门做生意的一家人，租用楼上一层楼房，一共有七八间房屋。楼下的楼房商定由房东婆媳二人自用，儿媳妇在龙头路开小杂货店，婆婆年迈在家颐养天年。就这样，1930 年 8 月，一个指挥全省革命斗争的省委机关，无声无息地搬到了虎巷 8 号。

图 1 虎巷 8 号中共福建省委机关旧址

图片来源：笔者拍摄。

一 虎巷 8 号曾举办“地下婚礼”

这是一个特殊的“家庭”，搬入之初，住在这里的人来自广东、湖南、海南及福建各地，约 10 人。曾志在《一个革命的幸存者——曾志回忆实录》中写道：“我们称罗

① 相传，1916 年农历四月十七日，一只老虎因为天气干旱、食物减少，从南太武山泅水来鼓浪屿觅食，因追咬鸡鸭而钻进小巷，卡在房屋间的隙缝里，随后被闻讯赶来的工部局巡捕击毙，这段小路从此得名虎巷。

明为堂兄，称省委秘书处处长黄剑津为弟弟。”“家庭成员”还有省委秘书长杨适、组织部部长谢景德、宣传部部长李国珍、刻写钢板的梁云鹏（梁惠贞弟弟）和高大安等人。每个人都有自己的工作任务，大家各尽其职，勤勤恳恳为党工作。为了让外人看起来像个商人家庭，中共闽西特委根据省委要求，调来了中年妇女党员郭香玉到省委机关当“佣人”，郭香玉每天负责为革命同志洗衣、煮饭、打扫卫生做后勤，里里外外忙个不停。她 15 岁的儿子黄业章则成为省委的小交通员，每天风雨无阻往返于厦门和鼓浪屿之间，从秘密交通站带回各地党组织的情报、文件，再将省委的指示送到各交通站转送出去，出色地完成了省委交给的任务。

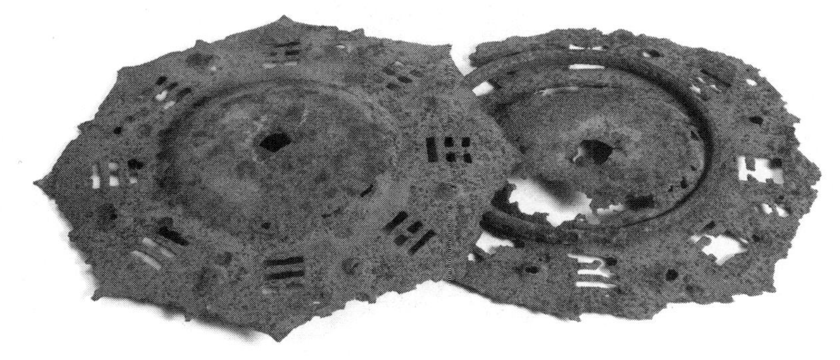

图 2　虎巷 8 号门环

注：该门环曾是地下党联络工具，作为革命文物收藏于厦门市博物馆。

图片来源：厦门博物馆馆藏。

省委书记罗明是“老板”，也是“大哥”，责任重大。他经常夜以继日地工作，翻阅全省各地送来的报告，并把情况及时向党中央汇报。党组织从漳州石码调来了一个叫谢小梅的女同志到省委秘书处工作，与罗明假扮夫妻。小小的房间里，每天流通着来自中央和全省的信息，无数决定和指示从这里发出，鼓浪屿成为这一时期福建党团活动的领导中心和革命斗争的指挥中心。

厦门是当时地下党的秘密交通线，上海党中央与闽西苏区之间的情报经过厦门传递。1929 年，中共福建省委同红四军联系的信件是用饭汤写在纸上或布上，读的时候用碘酒来涂，被敌人破获。后来党中央发明了新的药水，红四军的报告或信件都用密写药水写于衬衫上，或印在字画、手绢以及线装书的反面，通过福建省委转送上海党中央。谢小梅担任省委秘书工作期间，常去龙头路布店买来一匹白布，把汇报、请示用密写药水写在白布上，然后重新包装，再送去交通站。

谢小梅出身于革命家庭，她化名谢冰剑，寓意是挥向敌人的一把利剑。她考入石码电话公司，成为一名正式话务员，利用职务之便搜集情报。1930 年 6 月，同在漳州石码从事地下工作的大哥谢仰周被捕牺牲，谢小梅逃出石码，被安排来到省委秘书处工作。谢小梅的二哥谢仰堂也是共产党员，1930 年春在厦门参加纪念“三一八”惨案活动时不幸被捕，以罗明为首的省委破狱委员会将其成功解救出来。谢小梅原本就对罗明搭救二哥谢仰堂出狱的行动充满感激，在长期的工作接触中暗生情愫，培养出真挚的革命情感。经曾志牵线搭桥，不满 18 岁的谢小梅与罗明在鼓浪屿结为伉俪，他们召集同志们在搞油印的地下室吃了糖果点心，作为“地下婚礼”的仪式。①

图 3　罗明与谢小梅夫妇在虎巷 8 号门前合影

图片来源：中国共产党新闻网。

二　“家庭成员”发生变动

1930 年 10 月，谢景德返回厦门途中染上风寒，患上严重的肠炎，由罗明送到鼓浪屿救世医院，以陈训育的化名住院检查治疗。两周后，谢景德病情恶化，于 11 月 2 日午夜不幸逝世。中共福建省委决定将谢景德埋葬在鼓浪屿海边的鸡母山上，并立下石碑，刻“谢景德墓”。省委组织部部长谢景德因病去世后，由省委秘书长杨适兼任组织部部长。

① 晓农：《患难与共爱弥坚——罗明与谢小梅在中央苏区的婚姻》，《当代江西》2006 年第 9 期。

曾志在《一个革命的幸存者——曾志回忆实录》中写道："虎巷 8 号的'家庭成员'发生了变化，换成了另一批人，那里成了省委宣传部和秘书处的机关，蔡协民和我也搬到另外一个地方，罗明也调到闽赣省委去了，他的工作由原军委书记王海萍接替，王海萍夫妇也搬到那里居住。"

罗明的夫人谢小梅在 1983 年回忆说："我与梁惠贞不怎么熟，曾志搬出去，王海萍夫妇搬进来住。梁惠贞整天病……王海萍搬进来不久，我们就走了。"①

1930 年 12 月，经党组织批准，蔡协民、曾志夫妇从省委机关搬到新家，另设省委军委机关。王海萍、梁惠贞夫妇搬入虎巷 8 号，准备接替罗明、谢小梅的工作。1931 年 1 月初，罗明、谢小梅相继被调离厦门，到上海，由党中央另行安排工作。

三　另立中共福建省委军委机关

1930 年 12 月，蔡协民和曾志以夫妻名义租下福州路 127 号二楼。② 这是一座结构特别的五层楼的洋房。鼓浪屿是个山坡地，这使这座房子的每一层都可以通向外面的公路，有三个门进出，而楼内从一层到五层也都有楼梯上下。这里位置隐蔽，视野开阔，且靠近码头，闹中取静，这种结构的房子比较适合开展秘密工作。房东是个有钱人家，住一层楼，蔡协民、曾志夫妇租住在第二层，有三个房间，外带一个厨房，厨房旁还有一个石洞，可以通向屋外的一个石头小房子。

这里成为中共福建省委军委指挥全省武装斗争和兵运工作的机要之地。蔡协民、曾志夫妇在环境清幽的鼓浪屿，伴随着阵阵涛声，度过了一个又一个不眠之夜，为厦门和福建的未来描绘着动人的图景。军委文件的交换由秘书曾志负责。每天上午，学生模样的曾志装扮成家庭主妇，借着买菜的机会，到黄家渡码头③的一棵树下与住在省委机关的小交通员黄业章交换文件、传递情报。

四　"三二五"流血事件

革命形势的迅猛发展，使国民党反动势力惊慌失措，白色恐怖日益加剧。由于虎

① 邱艺玲：《厦门"3·25"事件始末》，《福建党史月刊》1988 年第 10 期。

② 曾志在《一个革命的幸存者——曾志回忆实录》中写道："我和蔡协民只是由于工作调整，蔡协民调任省委军委秘书，搬了新家，才躲过了这场灾难。"

③ 1928 年，越南华侨黄仲训投资 10 万银元买下通商局旧码头及大片旷地，填平大片海滩，本拟兴建商业街，因沙层太厚，索性围海筑堤改建成黄家渡码头。1933 年 10 月 13 日，黄家渡失火，延烧至锦祥街，毁屋 200 余间，千余人无家可归，损失惨重。黄家渡码头是鼓浪屿唯一沿用至今的货运码头。

图4 福州路127号中共福建省委军委机关旧址

图片来源：笔者拍摄。

图5 如今的黄家渡码头

图片来源：笔者拍摄。

巷8号既是中共福建省委机关所在地，又是省委秘书处和印刷机关所在地，各种口音的人居住在一个屋檐下，人来人往经常在这里开会和接头，进进出出的人员势必会引起怀疑。

“省委的秘书处及宣传处，同时于二十五日下午二时被破获，代宣传部长李国珍（即马同志）及工作人员五人被捕。”①

① 《中共福建省委致中央信——省委机关被破坏，决定省委机关迁福州》（一九三一年三月二十七日），载中共厦门市委党史办主编《厦门革命历史文献资料选编（一九二九年七月——一九三一年六月）》第三集，1988，第375~378页。

1. 破坏时间

关于虎巷8号遭破坏的时间，有“上午九时许”和“下午二时许”两种说法，从中共福建省委致中央信中的报告得知，虎巷8号于1931年3月25日下午2时遭到破坏。

2. 虎巷8号不是唯一遭破坏据点

1931年4月，福建省政府杨树庄在给国民党行政院题为《呈报厦埠破获赤党详情》的报告中说：“共产党闽省委机关似系设在厦鼓……破获极感困难。百计筹思，唯有传谕侦察，悬以重赏，并宽以长时间之侦察，果得共党省委人物之行踪，并悉其机关，一在鼓浪屿公山路N字二百四十九号，一在鼓浪屿眼镜脚C字五十二号。”①

“宣传部机关是新搬的，老马小梁及谢桂香三人同住，秘书处机关仍旧。本来是要搬的，新的房子已经找到，但因经济发生问题，正等候中央来款。中央的来款二十四日晚收到，因无钱受束缚，不能进行工作，都分头进行。房子也正要搬，不料竟于第二天遭破获。”②

中共福建省委原设在厦门鼓浪屿虎巷8号［原称眼镜脚（实为岩仔脚）C字52号］还未来得及搬家的秘书处及新搬的公山路N字249号的宣传处同时遭到国民党军警人员的包抄和破坏。

3. 哪些在“家”人员被抓？

事件发生的当天下午5时30分，代理省委书记王海萍给党中央并罗明写信，简要报告事件发生的概况。

“这一次事变是敌人有计划的对付我们，是福建党空前的损失。”“省委最近的文件及通讯处完全损失。中央寄来之八百元，除还了团省委一百十元及给军委四十九元外，其余都失了。”③

敌人从虎巷8号搜去重要秘密文件数箱，把省委的档案及财物洗劫一空，并逮捕了当时在机关的所有同志。“事件发生时，在机关内当场被捕的有李国珍、梁惠贞、高大安、梁云屏（梁惠贞的弟弟）、郭香玉等5人，杨适因到厦门参加中共厦门市委会，在路上与中共厦门市委常委郑裕德一同被捕……在这一事件中，省、市委7位领导人及工作人员被捕。”④ 外出办事的代理省委书记王海萍及交通员黄业

---

① 邱艺玲：《厦门“3·25”事件始末》，《福建党史月刊》1988年第10期。

② 《中共福建省委致中央信——省委机关被破坏，决定省委机关迁福州》（一九三一年三月二十七日），载中共厦门市委党史办主编《厦门革命历史文献资料选编（一九二九年七月——一九三一年六月）》第三集，1988，第375~378页。

③ 《中共福建省委致中央信——省委机关被破坏，决定省委机关迁福州》（一九三一年三月二十七日），载中共厦门市委党史办主编《厦门革命历史文献资料选编（一九二九年七月——一九三一年六月）》第三集，1988，第375~378页。

④ 中共厦门市委党史研究室：《中共厦门地方史——新民主主义革命时期》，中央文献出版社，1999，第136页。

图 6 鼓浪屿革命遗址点分布示意（1930 年 7 月至 1931 年 4 月）

图片来源：笔者在地图上添笔。

章幸免于难；[①] 军委书记蔡协民和军委秘书曾志住在福州路 127 号，也躲过一劫。

克里[②]在《关于省委机关遭破坏而被捕诸同志的一些回忆》中写道："省委机关被破坏同案被捕的，一共有七人，即李国珍、梁惠贞、梁云屏、郭香玉、杨适、林树根、郑裕德，只有前四位同志是在省委机关里被捕的。"

曾志在《一个革命的幸存者——曾志回忆实录》中写道："一批警察突然包围了虎巷 8 号，抓走了在家的同志，有宣传部部长李国珍、王海萍的妻子梁惠贞、闽西来的老太太，连到机关来联系工作的组织部部长兼秘书长杨适也同时被捕。"

① 中共福建省委 1931 年 3 月 27 日致中央信中写道："海萍同志下午一时过厦门，三时回到机关门口，幸得邻人通知得免于难。"

② 克里原名曾逸梅，1931 年 12 月任中共同安特支书记。当时因遇警察查户口而被捕，与省委机关遭破坏后被捕的同志关押在一起。

不久，省委秘书处和宣传处又遭第二次搜查，一切文件杂物都被解往厦门警备区司令部。①

4. 关于林树根的被捕时间

克里在《关于省委机关遭破坏而被捕诸同志的一些回忆》中写道："中共厦门市委常委兼码头支部书记林树根是因为省委机关遭破坏时，搜去了记载他姓名和门牌住址的名册而被捕。"

中共厦门市委党史办邱艺玲在《厦门"3·25"事件始末》一文中写道："从郊区参加会议回来的省委秘书长兼组织部长杨俊德（杨适）和中共厦门市委常委、宣传部长郑裕德也同日被捕。被捕的同志关押在厦门警备局的拘留所里，同所关押的还有在3月18日被捕的中共厦门市委委员、码头支部书记林树根。林树根是3月18日在街上散发传单时被捕的。当时，敌人还没有掌握林树根任何材料。省委机关遭破坏后，敌人才从我们的党员名册中，认定林树根的成份。"该文说的林树根在3月18日被捕，与克里同志所推测的事件发生当天或者隔一两天之后的3月28日被捕不同，按时间线推测，克里一文应是正确的。

5. 被捕人员的去向

李国珍、梁惠贞、梁云屏、郭香玉、杨适、林树根、郑裕德7位同志，一起被关押在中山公园西边的公安局拘留所里。在敌人残酷的严刑拷打和不择手段的威逼利诱下，被捕的同志坚贞不屈，视死如归。1931年5月1日凌晨，梁惠贞、李国珍、林树根和郑裕德4人被押往厦门禾山郊区枪决。临刑时，已怀有八个月身孕的梁惠贞把手表扔给刽子手说："拿去吧，我为信仰而牺牲，是死得其所，请对准我的脑袋开枪，不要伤害我的孩子。"省委秘书长杨适被押送南京，于5月23日在雨花台慷慨就义，临刑前他大义凛然地说："你们任意屠杀也杀不了，继我而起者，尚复大有其人！"

梁惠贞的弟弟梁云屏因未到法定年龄，被押解原籍释放。郭香玉被捕后，机智勇敢地同敌人展开斗争。虽然遭到敌人的严刑拷打，满嘴的牙齿都被打掉了，鲜血直流，她仍坚持用龙岩话回答敌人："我是佣人，我什么也不知道。"敌人果真把郭香玉当作佣人，叫她去扫监狱。她趁此机会看望、安慰同时被捕的同志，有时设法送东西给他们吃。郭香玉被关押一年之后，敌人捞不到任何证据，只好把她释放了。郭香玉出狱后，步行数百里，历尽艰辛，沿路乞讨回到龙岩，又到长汀找到了从福建省委机关调

① 中共厦门市委党史研究室：《中共厦门地方史——新民主主义革命时期》，中央文献出版社，1999，第138页。

图 7　王海萍、梁惠贞夫妇

图片来源：中共厦门市委党史和地方志研究室编《图说厦门党史（新民主主义革命时期）》，内部资料，2019，第 125 页。

图 8　郭香玉、谢觉哉夫妇

图片来源：中共厦门市委党史和地方志研究室编《图说厦门党史（新民主主义革命时期）》，内部资料，2019。

来的罗明夫妇，请求分配工作。后来，郭香玉遵从邓颖超的安排，到中央苏区去照顾年纪较大的同志。在中央苏区，郭香玉认识了中央工农民主政府秘书长谢觉哉同志，并同他结为革命伴侣。1934 年 10 月，红军开始长征。因少时缠脚行动不便，郭香玉服从组织决定，回到龙岩坚持游击斗争，领导群众与地主民团斗争，抗租抗捐，筹集粮食、被服、药品等物资支援游击队。1940 年 9 月 3 日，中共湖坑总支书记郭香玉在汀州不幸被反动派抓捕活埋，英勇就义。

6.“三二五”事件发生的原因

一种说法是党内叛徒告密。《江声报》工人、党员倪六姑被捕后叛变革命，出卖组织，直接导致中共福建省委机关被敌人破获。

“三二五”事件发生前不久，倪六姑被捕。他在分报时，发现岩仔山附近一座小楼，里面有一个龙岩缠脚女人，男的都是外地人，有的穿长衫，有的穿西装。他觉得这里可能是我们党的重要机关。他被捕后不久出狱，不回《江声报》复职，而带了很多钱到永春买家具、置房产，又要求组织分配他到漳州当交通员，企图将闽南特委和游击队一网打尽。

董云阁决定将计就计，一方面同意倪六姑到漳州当交通员，另一方面密信通知漳州游击队长王占春[①]。倪六姑到漳州后，即被扣押审讯，他承认确实供出了福建省委机关的情况。倪六姑交代罪行后，自感问题严重，企图逃跑，王占春将其击毙，为党组织消除了隐患。[②]

而蔡协民在 1931 年 4 月 13 日给党中央的《关于福建工作情况报告》中写道：“秘书处破坏的主要原因是：过去刺杀未死的龙岩张告密……这个消息是由龙岩在厦的群众说出的，说张此次告密有功，公安局要给他赏金。宣传部的破坏，据我们的推测，大约是马（李国珍）走街上给附近人看到告密所致。”[③]

代理省委书记王海萍在 1931 年 3 月 27 日致党中央的信中写道：“这次破坏原因，一是李国珍有色彩，出入机关被侦探跟随，二是同志告密，前一种原因占成份多数。”

另一种说法是我们的警惕性不高，隐蔽工作做得不够好，被敌特侦破。

曾志在《一个革命的幸存者——曾志回忆实录》中写道：“毕竟那时的地下工作还不太成熟，不太严格，竟然在小小的机关驻地召开了一次有十几人参加的各县县委书

① 王占春（1905—1932），福建省龙溪县人，1927 年加入中国共产党，是闽南根据地和红军游击队创始人之一，是厦门破狱斗争特务队的主要成员。

② 朱黎明：《“革命誓投身，爱国勖来人”——纪念董云阁烈士诞辰 100 周年》，《福建党史月刊》2008 第 6 期。

③ 《蔡协民关于福建工作情况报告》（一九三一年四月十三日），载中共厦门市委党史办主编《厦门革命历史文献资料选编（一九二九年七月——一九三一年六月）》第三集，1988，第 405~407 页。

图 9　董云阁

图片来源：中共厦门市委党史和地方志研究室编《图说厦门党史（新民主主义革命时期）》，内部资料，2019，第 112 页。

记会议，尽管吃住开会都在屋里，但有那么多人出入，总会引起注意的。”她在《第二次国内战争时期厦门地下党的情况》一文中回忆说：“有的说，是被侦探盯梢发现的；有的说，是我们在那里开会，有一个人自首了，招出这个地方。这仅是怀疑，我问过王海萍，他也不清楚。”①

五　组建福建临时省委应付危机

“三二五”事件发生后，多数领导同志被捕牺牲，组织工作完全陷入瘫痪。由于被捕同志守口如瓶，坚贞不屈，同时设在鼓浪屿的福建省委军委机关和团省委机关均未受破坏。1931 年 4 月 12 日，蔡协民与曾志不得不悄悄搬离福州路 127 号，董云阁也从三明路 17 号共青团福建省委机关撤离。

王海萍部署应急措施之后，与省互济会党团书记黄剑津取道莆田到上海向中央作详细汇报。在此期间，由省委军委书记蔡协民、军委秘书曾志、共青团省委书记董云阁组成中共福建省委临时领导小组，应付严峻的局势，担负起领导全省革命斗争的重

① 曾昭铎、黄坤胜主编《厦门革命回忆录》，厦门大学出版社，1992，第 104 页。

图 10　三明路 17 号共青团福建省委机关旧址（已拆）

图片来源：中共厦门市委党史和地方志研究室编《图说厦门党史（新民主主义革命时期）》，内部资料，2019。

任。蔡协民任临时省委书记，曾志任省委秘书，董云阁任省委常委。仓促建立的临时省委毫无基础，经费无着，他们三人既要保护未被破坏机关的安稳，悄悄转移，又要设法保护外来同志的安全，还要召集会议，接受各地报告，指导全省党的工作。受“三二五”事件影响，新的交通站未恢复和建立，从各地和中央去往闽西的同志暂不由厦门中转。

曾志经常代表组织出面活动，很容易被人认出。自从虎巷 8 号被国民党用封条封起来之后，当初出面租房的曾志没有去退租，也没再去给房东交过房租。1930 年 4 月 11 日，在龙头路开小卖铺的房东家儿媳认出曾志，一把抓住她，向她讨要省委机关被破获封房后损失的房钱。有地下斗争经验的曾志知道此时此地生死一线，不能跑也不能闹，便装着若无其事的样子，跟着房东媳妇到店里去，好言好语地对她说：“我怎么会不交房租呢，不过今天没带钱，待我回家去取钱来吧！”房东媳妇怕她走了不回来，不许她离开店铺。被缠住 5 小时后，幸遇一大户人家出殡，一支很长的送葬队伍从龙头路经过，围观的人很多。趁着房东儿媳正探头探脑看得出神之际，曾志便也装作去看热闹，趁机溜出店门混入人潮，往街边的一个小胡同跑去，跑到博爱医院附近码头迅速搭船离开，算是逃过一劫，未遭大害。

天黑后，曾志偷偷潜回鼓浪屿，回到福建省委军委机关连夜清理文件，准备转移。半夜烧东西，担心引起邻居怀疑，曾志急中生智，用洗衣板将文件搓成纸浆，一点点冲入下水道，处理干净，趁天还未亮匆匆逃出鼓浪屿。

图 11 蔡协民、曾志夫妇

图片来源：中共厦门市委党史和地方志研究室编《图说厦门党史（新民主主义革命时期）》，内部资料，2019，第 109 页。

六 厦门中心市委遭破坏

“不要哭了，革命总是要牺牲的”，这是妻子梁惠贞与一众同志牺牲后，王海萍强忍悲痛说的一句话。梁惠贞牺牲之后，王海萍化悲痛为力量，亲赴上海向党中央汇报。为了避免党组织再次遭到集中破坏，党中央决定，暂时不恢复福建省委，分别设立福州、厦门两个中心市委。王海萍担任中共厦门中心市委书记兼军事部部长，领导厦门、漳州、泉州地区的革命斗争。王海萍深知自己肩负的重任，尽管环境极为险恶，他仍不顾个人安危，以坚定的革命意志和工作热忱，完成党赋予的艰巨而光荣的任务。

1932 年 1 月，蔡协民和曾志的儿子“小铁牛”出生了。厦门中心市委急需经费，

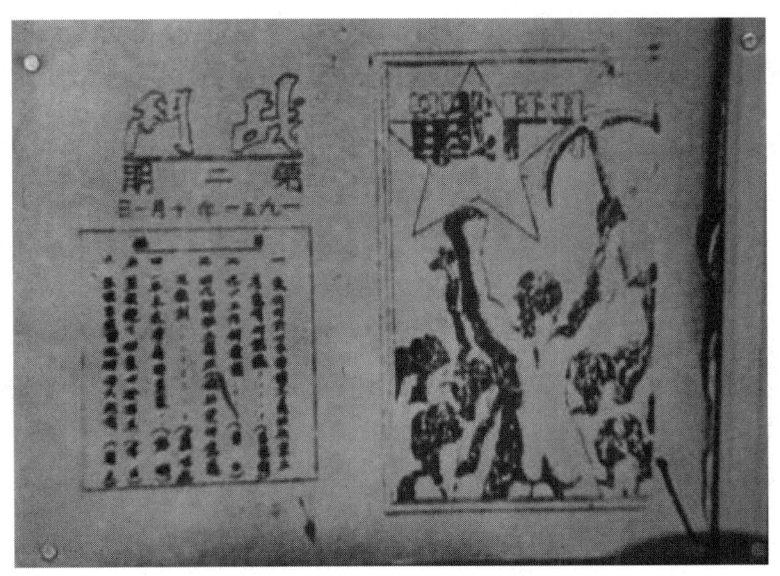

图 12　王海萍组织创办的中共厦门中心市委机关刊物《战斗》[①]

图片来源：中共厦门市委党史和地方志研究室编《图说厦门党史（新民主主义革命时期）》，内部资料，2019，第 131 页。

王海萍劝说他们将孩子卖给一个叫叶延环[②]的中医，换取 100 块大洋。曾志和蔡协民为了党的事业，同意组织决定，将“小铁牛”送人。孩子送走前，曾志和蔡协民抱着孩子，特意去中山公园玩了一次，然后又一起去照相馆照了张全家福。曾志给“小铁牛”喂完最后一次奶，才依依不舍地把孩子交给同志抱走了。半个月后，“小铁牛”被前来就诊的病人传染上天花，不幸夭折。

1932 年 5 月，厦门中心市委机关被破坏，王海萍在赶往开会讨论补救措施的路上，被国民党便衣特务围堵在厦门中山公园。王海萍临危不惧，与特务展开殊死搏斗。因寡不敌众，未能逃脱，被敌人抓捕，秘密杀害，时年 28 岁。

王海萍与梁惠贞都是海南琼州人，在上海从事地下工作时结为革命伴侣，牺牲时连一张结婚照合影都没来得及拍摄。他们对党、对人民赤胆忠心，他们建立的功绩永

① 王海萍在一九三一年九月一日《战斗》发刊词中写道：“总之，本刊的任务，是要宣传群众，夺取千百万群众团结在党的影响周围，引导千百万群众走上正确的革命路上来。只要实现这一重大的任务，是需要我们极大的努力，且有（奋）斗的精神，战胜一切困难前进。本刊之所以名为《战斗》，也就是这个意思。”中共厦门市委党史办主编《厦门革命历史文献资料选编（一九三一年七月——一九三二年六月）》第四集，1988，第 49~51 页。

② 叶延环（1909—1934 年），原名叶炎煌，福建大田人。1927 年在厦门求学期间参加革命，加入中国共产党。中学毕业后在厦门霞溪仔叶丽春堂以医生身份作掩护从事地下革命活动，任共青团厦门市委书记期间，介绍叶飞入团。1934 年因身份暴露在厦门被捕。1934 年 10 月 25 日在福州壮烈牺牲。

不磨灭。一对红色恋人，一段时代爱情，就此化作永恒！

1932 年 5 月 25 日，董云阁不幸被捕，在监狱中坚贞不屈，严守党的秘密。1932 年 10 月 23 日，年仅 24 岁的董云阁在厦门禾山海军司令部的刑场上慷慨就义。

1934 年 4 月 16 日，蔡协民由于叛徒出卖在漳州被捕，坚贞不屈，献出了宝贵的生命。

七 结语

血雨腥风的岁月早已远去，但这座小岛留下永恒的红色记忆，值得我们缅怀和追忆。这些地下革命工作者隐姓埋名，改头换面，伪装成不同身份，在鼓浪屿这座小岛上演了一幕幕惊心动魄的话剧。罗明和谢小梅、王海萍和梁惠贞、蔡协民和曾志，他们志同道合，在艰苦斗争环境中培养出深厚的革命情感，结成革命伉俪。他们在生活中彼此爱恋，为了理想信念忠诚相守；在革命中志同道合，以夫妻名义开展地下活动。他们在看似平常的家庭生活中，完成了一个又一个惊险复杂、艰辛困难的革命任务。

曾经聚集在虎巷 8 号的革命志士，运用各种形式开展革命实践活动，为了共同信仰奋起抗争，与敌人斗智斗勇，直至献出鲜血和生命。他们在黑暗的旧中国摸索前行，成为划破暗夜的一道道曙光。他们百折不挠的奋斗精神和坚定理想、勇于牺牲的革命精神值得我们学习和颂扬。

吴村：厦门走出去的著名导演

陈满意　付蒙蒙*

摘要：吴村是中国电影史上一位影响深远的、优秀的商业片导演，他多才多艺，喜欢摄影，还创作了为数众多的电影歌曲。他为自己的处女作电影《血花泪影》创作了主题歌，这是中国电影首次出现主题歌。他创作的《玫瑰，玫瑰，我爱你》影响深远，一直流传至今，被认为是中国流行音乐最伟大的作品之一。吴村是厦门人，在鼓浪屿上度过了童年。

关键词：吴村　厦门　鼓浪屿

一

吴村（1904—1972）在自述中说："一九〇四夏天，我生于蒲柳掩映得极其绮丽的闽南的浔江，迨五周月后才移居厦门。"[①] 其实，他真正的出生地是石浔，他在另一篇文章中说："我生长于厦门，家族是以械斗著称，拥有鹭江重要海岸的石浔。"[②] 石浔是今日的同安区洪塘镇石浔社区。

资料显示，吴村家移居到厦门时是住在鼓浪屿岛上的，因此有人称他是厦门思明人。在他幼年时，由于父亲早逝，母亲终日以泪洗面，吴村"受了母亲长期凄惨的哭泣的影响……处处露出盛伤情调，照理我们的宗族在闽南是最强悍的，我的身体、气概也该像我们每个壮健勇敢的弟兄才是，现在却弄成连我们的族人都怀疑我和他们的血统无关的"[③]。吴村被称为"短小精悍"，"有着端正得可以上镜头的面孔，光亮可鉴

* 陈满意，厦门晚报记者，研究方向为厦门地方史；付蒙蒙，厦门兴才职业技术学院教师，研究方向为近现代艺术史。

① 吴村：《吴村自叙》，《联华画报》第3卷第7期，1934年。

② 吴村：《从影十年》，《青青电影》第5卷第40期，1940年。

③ 吴村：《吴村自叙》，《联华画报》第3卷第7期，1934年。

图 1　吴村

图片来源：网络图片。

的头发和笔挺的西装，永远是那么修整地，因此他自己的影片里，每个画面也就修整得异常美丽，一点也不马虎”。①

吴村父亲去世后，负责供养他上学的是三叔父。在读小学时，他就喜欢上了厦门的木偶戏，从此便对木偶戏与表演艺术情有独钟。读中学时，他对话剧和电影非常感兴趣，他自言：“木人戏的趣味也被话剧及电影分散了。”② 15 岁时的吴村爱好摄影、音乐，同时加入了通俗教育社话剧股，参加各种演出，其间还自己尝试撰写剧本。“自后数年间的寒暑假均出演两个整期，也曾写过剧本，排演过戏，因为年纪还轻，不能算是得意的事。”③

后来，吴村在中学接受过三年的童子军训练，叔父希望他中学毕业后能去攻读法政专业，将来谋个好的出路，但他“视法政等于人如枷锁，极端厌恶”④。而他的母亲希望他成为海员，他说：“幼时，母氏亟欲养我为一海员，家叔晋卿先生绝端反对，乃入学读书，中途几经波折，始得修毕旧制专门学校以下各学程。”⑤ 他在《集美之云》

① 白克：《吴村》，《银国电影每月刊》第 2 期，1935 年。
② 吴村：《吴村自叙》，《联华画报》第 3 卷第 7 期，1934 年。
③ 吴村：《吴村自叙》，《联华画报》第 3 卷第 7 期，1934 年。
④ 吴村：《吴村自叙》，《联华画报》第 3 卷第 7 期，1934 年。
⑤ 吴村：《从影十年》，《青青电影》第 5 卷第 40 期，1940 年。

一文中写道："集美是闽南唯一的学村，童年我曾在那边受过教育，村上的风景线，永远受人羡慕的。"[①] 由此可知，吴村曾是集美学校的一名学子。

在中学读书时，吴村喜欢文学，和张湖山、陈尚文、陈君文、洪兰生、陈素秋、赵邦杰等人组建了文学社。

为了钟爱的音乐、戏剧，吴村和朋友一起报了东南大学的暑期学校，但是令他感到失望的是"在东大暑校间，音乐所得不过只是几只普通歌曲，戏剧又因人数不足不开办"[②]，结果十分清闲，他经常和朋友一起逛清凉山、游莫愁湖。后来，他说服叔父，进了音乐学校继续读书，可是进了学校之后，他感到与理想中的音乐学校相去甚远，于是待了一个学期便束装归里。他说："这一季给我印象最深的有两位朋友，一个是和我对窗的诗人白采，一位（是）成仿吾。"[③] 后来，白采曾到吴村的母校集美中学任教，在暑期去香港的船上染病，还没回到上海就去世了。成仿吾后来成为文学家、翻译家。

由于对音乐的热爱，后来吴村又到上海去学习音乐，"因为我的叔父以我既不从其意旨成为律师或官僚，便停止供给学费了"[④]。叔侄两人闹得很不开心。后来他的母亲病逝，他遵照母亲的遗嘱与曾女士结婚。当时有报道称，曾女士是厦门电话公司的接线员。

爱好摄影的吴村还有不少摄影作品剪报。1927 年的《图画时报》上刊登了一张吴村拍摄的人像，注明是厦门电话公司领班曾谦女士，署名是吴世杰，而吴世杰正是吴村的原名。厦门民兴银行行长马亦篯是一位大收藏家，也是有名的绅士，曾任中南银行董事。吴村曾拍摄过马亦篯手植的菊花，刊登在 1930 年第 4 期的《时事新画》上。

二

1929 年，吴村在闽南著名报人苏眇公的提携下任《厦声报》副刊主编兼上海时报记者。后《厦声报》因言论过激被当局封闭，事先得到风声的吴村在事发前一晚，乘轮船北上到上海，寄居在影业巨子王雨亭家中。王雨亭（1892—1967），名及时，又名明德，福建泉州人。童年就读私塾，稍长到厦门当学徒，后到南洋创业。1923 年在厦门协助恢复《民钟报》。1924 年赴新加坡参与创立南洋影片公司，代理国产影片。两年后被驱逐回国，在上海任南洋影片公司驻沪代表，并参与投资明星影片公司、大中

① 吴村：《集美之云》，《申报》1940 年 3 月 14 日。

② 吴村：《吴村自叙》，《联华画报》第 3 卷第 7 期，1934 年。

③ 吴村：《吴村自叙》，《联华画报》第 3 卷第 7 期，1934 年。

④ 吴村：《吴村自叙》，《联华画报》第 3 卷第 7 期，1934 年。

华影片公司。1937 年，王雨亭担负菲律宾华侨抗敌后援会宣传工作，募款支援抗战。参与介绍 200 多名华侨青年回国参加八路军、新四军，并筹募款项和药品支援八路军、新四军。翌年，王雨亭送长子王唯真到香港投奔八路军，继而到仰光开设国泰电影院，开展华侨抗日工作。1949 年，王雨亭陪同陈嘉庚到北京。

当时，吴村的姻亲俞伯岩创办了复旦影片公司，与各大影片公司竞争拍摄古装神怪电影。吴村看后非常失望，于是开始学习摄影，不久其拍摄的电影作品开始参加影展。1931 年，吴村自荐于俞伯岩，并请求俞伯岩允许他编导一部影片。俞伯岩同意了他的要求，这年秋天，吴村完成了导演的处女作《血花泪影》。电影由胡珊、罗克朋、王楚琴、魏光寿、高威廉等主演。

从剧本到主题歌、剧照摄影，再到导演，这些都是吴村亲力亲为。《血花泪影》上映后好评如潮，“在此中国影业落后中，竟有此异军突起之巨片出产”①，“复旦影片公司自《血花泪影》开映后，声价突高十倍，缘该片立意超越，适合时代需要”②。“剧情、表演，均臻上乘，描写英雄气短，儿女情长，始而为情斗，终而为情死，惟其用情在战场而不在床第……际此国难临头，暴日横行，难得该公司不畏艰辛，摄制斯片，唤醒国人，令人钦佩。不宁惟是，且宣扬革命，打倒军阀，尤属可敬。”③

1934 年，吴村进入创作高峰期，并逐渐形成自己的风格，他的作品以高度凝练的真实再现现实。当时的众多影星如胡蝶、周璇等都多次与他合作。他先后编导了《重婚》《恐怖之夜》《女财神》《永远的微笑》等作品。随着时代变化，吴村后来开始探索歌舞片的领域，先后拍摄了《歌声泪痕》《天涯歌女》《黑天堂》等歌舞片。

1941 年，由他编剧、导演的以日军包围上海租界为题材的影片《孤岛春秋》获得普遍好评。《孤岛春秋》讲述丁氏三姐妹的爱情故事，影片的最后，三姐妹与三个男友一同前往自由区工作。

抗日战争爆发前夕，吴村到了印尼、新加坡等地，抗战胜利后他在香港从事电影制片业务。1948 年，吴村重回上海，为上海大同影业公司编导《柳浪闻莺》。

中国电影艺术研究中心的陈清洋曾撰文说，从 1931 年的处女作《血花泪影》到新中国成立前的最后一部作品《柳浪闻莺》，短短 18 年当中，吴村共执导影片 24 部，其创作生涯贯穿了中国早期商业电影发展的各个阶段，在追求商业利润的基础上他试图平衡社会教化和艺术诉求之间的关系。④

---

① 云卿：《〈血花泪影〉观映记》，《影戏生活》第 1 卷第 43 期，1931 年。

② 《影讯》，《银幕周报》第 13 期，1931 年。

③ 笔花：《伟哉〈血花泪影〉》，《影戏生活》第 1 卷第 43 期，1931 年。

④ 陈清洋：《吴村早期商业电影研究》，《当代电影》2012 年第 1 期。

三

作为一个优秀的商业片导演，吴村的音乐创作才能也在工作中展露无遗。除了电影之外，吴村还创作了很多歌曲，有些词曲都是他一人完成，这在当时的导演中是非常少见的。

在电影《血花泪影》的创作过程中，吴村感到中国电影对主题歌非常漠视，于是为《血花泪影》创作了两首主题歌曲。后来高亨唱片公司购买这两首主题歌曲后，请胡珊灌制，灌制的当天，请大沪舞场乐队伴奏，胡珊独唱。吴村曾说这是中国电影史上第一次有主题歌。中国电影史上的第一首电影插曲是电影歌曲《寻兄词》，这首歌比《血花泪影》的主题歌早半年左右。

吴村创作了《长相思》《春花如锦》《百花歌》《灯花开》《秋的怀念》《漂泊吟》《牛郎织女》《星加坡之歌》等几十首歌曲，他有的填词，有的作曲，还有的自己去唱，如《天涯歌女》的主题歌《漂泊吟》就是他自己唱的。他创作的歌曲颇受欢迎，当时上海滩有名的歌星周璇、姚莉、龚秋霞等是他歌曲的原唱者。在这些歌曲中流传最广、最为世人熟知的莫过于《玫瑰，玫瑰，我爱你》，这首歌也是《天涯歌女》的插曲，吴村是这首歌的词作者，歌曲旋律轻松明快，奔放昂扬，将城市情怀和民族音调巧妙地汇成一体；歌词形象鲜明，诗意盎然，表现了“风雨摧不毁并蒂连理”的情怀。其原唱者为20世纪30年代上海滩著名歌星姚莉。这首歌也是最早被国外翻唱的中文歌，1951年4月6日，美国歌星弗兰基·莱恩将其翻唱，这首歌在美国迅速走红，一度高居排行榜榜首。如今，这首歌被认为是中国流行音乐最伟大的作品之一。

歌舞片《柳浪闻莺》中的15首歌曲都是由吴村自己作词、作曲，这部影片被视为吴村在电影音乐方面的巅峰之作。

新中国成立后，吴村依然活跃在电影界，他在长江影业公司、西安电影制片厂、上海电影制片厂、北京电影制片厂任导演，还曾任中国木偶艺术剧团团长，参与拍摄了《抗旱曲》《天山歌声》《一串项链》等影片。他曾任全国政协委员、陕西省政协常委。1972年12月16日，吴村因脑出血去世，享年68岁。

图书在版编目(CIP)数据

鼓浪屿研究. 第十五辑 / 潘少銮主编. -- 北京 : 社会科学文献出版社, 2022.8

ISBN 978-7-5228-0427-9

Ⅰ. ①鼓… Ⅱ. ①潘… Ⅲ. ①社会科学-文集 Ⅳ. ①C53

中国版本图书馆 CIP 数据核字(2022)第 126325 号

鼓浪屿研究　第十五辑

主　　编 / 潘少銮

出 版 人 / 王利民
责任编辑 / 黄金平
责任印制 / 王京美

出　　版 / 社会科学文献出版社 · 政法传媒分社(010)59367156
　　　　　地址: 北京市北三环中路甲 29 号院华龙大厦　邮编: 100029
　　　　　网址: www. ssap. com. cn
发　　行 / 社会科学文献出版社 (010) 59367028
印　　装 / 三河市龙林印务有限公司

规　　格 / 开 本: 787mm × 1092mm　1/16
　　　　　印 张: 10. 25　字 数: 200 千字
版　　次 / 2022 年 8 月第 1 版　2022 年 8 月第 1 次印刷
书　　号 / ISBN 978-7-5228-0427-9
定　　价 / 78. 00 元

读者服务电话: 4008918866